LA PETITE HISTOIRE

LES GRANDES ÉNIGMES DE L'HISTOIRE

D'AUTRES PEITITES HISTOIRES À DÉCOUVRIR EN LIBRIO

Kevin Labiausse

LA PETITE HISTOIRE

LES GRANDES ÉNIGMES DE L'HISTOIRE

30 mystères qui agitent les historiens

Inédit

SOMMAIRE

« Quand l'être imite le non-être
– le piège est pur : consécratoire.
Et près des pins
l'énigme vit aussi du vœu d'être percée. »

Jean-Claude RENARD, *La Lumière du silence*.

Introduction

Selon le *Petit Larousse*, une énigme est un problème difficile à résoudre. Elle comporte plusieurs interrogations et fait entrer en jeu différentes disciplines pour être résolue. L'énigme entretient tout un flot d'hypothèses, des plus crédibles aux plus fantasques, et alimente parfois des rumeurs dont certaines passent à la postérité.

Si, aujourd'hui, une énigme historique n'est pas solutionnée, c'est souvent par manque d'indices archéologiques. C'est le cas des alignements de Carnac. Mais rien n'épuise les efforts des chercheurs qui sont animés du désir de prouver la réalité historique des témoignages écrits laissés par nos ancêtres. Certains creusent dans le sol de l'île d'Ithaque, dans l'espoir de retrouver le décor légendaire des poèmes homériques. D'autres gravissent le mont Ararat, dans le but de marcher dans les pas de Noé et de découvrir les restes de son arche.

Parfois des énigmes n'en sont plus, ou presque, grâce aux fulgurants progrès de la science. La médecine nous a beaucoup appris sur les cas d'anencéphalie pour expliquer celui qui fut rencontré à Vichy en 1897. La physique tente de comprendre pourquoi des phénomènes étranges s'abattent sur les avions et les navires dans le triangle des Bermudes. Le génie génétique, outil aujourd'hui indispensable aux enquêteurs, intervient pour mettre de l'ordre dans la vie du petit Louis XVII et démasquer Franziska Schanzkowska.

Cette dernière, qui a prétendu être la rescapée du massacre de l'ancienne famille impériale russe, n'est ni la première, ni la dernière, à avoir joué de l'imposture. Avant et après elle, d'autres ont su échafauder toute une légende que l'historien a méticuleusement démontée. Que dire de Jeanne des Armoises se faisant passer pour Jeanne d'Arc ? Du Masque de fer dont le metteur en scène n'est autre que son gardien de prison ? De la fortune de l'abbé Saunière dont les principaux indices sur son origine ont été créés de toutes pièces ?

Chargées d'enjeux disciplinaires, certaines énigmes sont tombées dans l'oubli, selon la période traversée, pendant que d'autres ont connu une transformation dans les questions qu'elles posent. Le chevalier d'Éon, dont l'indétermination sexuelle a donné matière à des paris fous, est aujourd'hui le sujet d'une interrogation d'ordre essentiellement psychologique.

À l'image de ce dernier cas, des énigmes restent en suspens. Elles n'attendent peut-être plus que vous pour profiter d'un nouvel engouement et d'une découverte capitale. Certains ne vous ont pas attendu et sont déjà repartis sur les traces d'un trésor caché, celui des cathares. À moins que ce ne soit celui des Templiers...

Kevin LABIAUSSE

I

L'Antiquité

L'ATLANTIDE

Vers 9500 avant J.-C.

L'existence de l'Atlantide nous est rapportée dans le *Timée* et le *Critias* de Platon écrits vers 355 avant J.-C. À travers les entretiens entre Socrate, le général syracusain Hermocrate, le philosophe pythagoricien Timée et le politicien Critias, Platon nous confie la légende. Le législateur Solon a appris de la bouche d'un prêtre du temple de Saïs en Égypte l'existence d'une île appelée Atlantide ; elle aurait abrité une brillante civilisation avant d'être engloutie. Le récit ne manque pas de descriptions minutieuses et il plonge souvent son lecteur dans le doute. L'Atlantide a-t-elle réellement existé ?

Neuf mille ans avant ces révélations, une île située au large du détroit de Gibraltar jouit d'un immense prestige. Son site naturel, composé d'une plaine centrale et de montagnes littorales, est jalonné de sources chaudes et froides. L'île serait donc une île volcanique. L'endroit offre aussi la possibilité de rejoindre le continent le plus proche – que ce soit l'Afrique ou l'Amérique ? – à travers différents archipels. Offerte à Poséidon à la création du monde, ce dernier lègue la partie la plus riche à son fils Atlas. Dirigée par les rois atlantes, elle doit devenir une grande puissance commerciale grâce à ses ressources en métaux précieux et à sa puissante agriculture.

Le cœur de l'île est sa capitale. Dessinée selon un plan circulaire, elle est dominée par les palais royaux de Poséidon. Grands bâtisseurs, les Atlantes érigent un luxueux temple à la toiture d'or et aux façades d'argent dédié au dieu de la mer. À l'intérieur, la statue de la divinité, la plus haute de toutes, atteint les voûtes d'or et d'orichalque. Également grands navigateurs, les Atlantes voyagent dans le bassin méditerranéen et soumettent le nord de l'Afrique, de la Libye à l'Égypte, ainsi que le sud de l'Europe, de l'Espagne à l'Italie. Les territoires dont ils se rendent maîtres dépassent largement les frontières de l'Asie Mineure entière. C'est en voulant dominer les Athéniens que les rois atlantes entraînèrent leur propre chute. Vaincus, ils périssent suite à de violents tremblements de terre et à des inondations. Le cataclysme, qui n'a duré qu'un jour et une nuit, a englouti toute l'île.

L'île de Santorin en mer Égée pourrait être le lieu qui a servi d'inspiration à Platon. C'est une thèse que Jacques-Yves Cousteau a longtemps défendue. En effet, Santorin a abrité une civilisation brillante dont les richesses étaient issues du commerce. Santorin a également été engloutie lors d'une explosion volcanique pour laisser la place à un archipel. En fait, l'unique problème de cette hypothèse est la datation de l'événement : la catastrophe de l'île de Santorin a eu lieu en 1470 avant J.-C., soit bien après la période décrite par Platon.

D'autres régions ont ainsi été explorées et de nouveaux noms ont été avancés. Parmi eux, celui des Açores est à retenir. Situé au milieu de l'océan Atlantique, à 1 200 kilomètres de Lisbonne, l'archipel a une situation qui semble parfaitement correspondre aux indications du philosophe. Il est à mi-chemin entre l'Europe et l'Afrique. Vers 13000 avant J.-C., l'archipel aurait subi une terrible catastrophe naturelle : l'effondrement d'un immense plateau. Mais les traces humaines manquent cruellement. La civilisation disparue de Tartessos serait un choix plus judicieux. Localisée à proximité du détroit de Gibraltar, le long du Guadalquivir, ses habitants avaient développé un important commerce de métaux précieux et attiré les Phéniciens qui y avaient installé leurs comptoirs.

Finalement, l'Atlantide a été imaginée aux quatre coins du monde. De nombreux spécialistes, plus ou moins reconnus, ont successivement parlé des îles des Canaries, de Madère, des Bahamas. Et il ne s'agit que des exemples les plus connus. Dans cet incroyable foisonnement d'hypothèses, l'exemple d'Héligoland mérite que l'on s'y arrête. Heinrich Himmler, atlantomane convaincu, avait ordonné des recherches sous-marines autour de cette île frisonne de la mer du Nord. Sans résultat.

En l'absence de découverte d'un site correspondant à l'Atlantide de Platon, il faut peut-être voir dans ce récit une allégorie. C'est l'idée qu'Aristote défendait. Il comparait le destin de l'île à une fable servant de base à un enseignement moral.

LE DÉLUGE

Vers 7500 avant J.-C.

La Genèse nous raconte deux épisodes fondateurs qui suivent la création du monde et le jardin d'Éden : le Déluge et l'arche de Noé. Ces histoires expriment la punition de Dieu envers les hommes. Malgré l'anéantissement partiel de la construction terrestre, Dieu offre une seconde chance aux humains à travers l'unique personnage de Noé.

Dieu, affligé de voir que l'homme n'est animé que par la violence et le mal, décide de faire disparaître tous les êtres vivants. Une seule famille est épargnée. Celle de Noé, car il est considéré comme un homme bon et intègre. Dieu lui ordonne de construire une arche de bois. Le vaisseau doit posséder trois étages et être divisé en cellules afin d'abriter un couple de chacune des espèces animales présentes sur Terre. Noé respecte les instructions et Dieu déclenche le Déluge. Pendant quarante jours et quarante nuits, il pleut. L'arche, dépourvue de rame et de voile, s'élève et flotte aveuglément au gré des courants. Les pluies torrentielles inondent toutes les terres émergées jusqu'à la cime des montagnes.

Au terme d'une période de cent cinquante jours, le niveau de l'eau commence à baisser et le bateau vient s'échouer sur les hauteurs du mont Ararat, le plus haut sommet – plus de 5 000 mètres d'altitude – d'un massif situé dans l'actuelle Arménie turque. Dieu demande à Noé de faire sortir sa famille et les animaux et de profiter des richesses naturelles de la Terre dans un esprit de paix. Il promet aussi qu'il n'y aura plus de déluge. Noé plante une vigne et devient vendangeur. Le repeuplement de la Terre est alors implicitement confié à ses trois fils, Sem, Cham et Japhet. Ce dernier aura d'ailleurs sept enfants.

Le récit biblique tire son origine de textes antérieurs. Le plus ancien est le mythe d'Atrahasis, un récit mésopotamien du XVIIIe siècle avant J.-C. inspiré de sources sumériennes. Une autre version, qui met en scène le roi Outa-Napishtim narrant à Gilgamesh sa fuite lors du déluge, est gravée au XIIIe siècle avant J.-C. Dans un contexte différent encore, l'épisode cataclysmique est décrit dans un épisode de la mythologie indienne frappant de similitude avec le texte de la Genèse. Noé y est appelé Manu. Au total, on recense seize récits de déluge en Amérique du Nord, quatorze en Amérique du Sud, treize en Asie, neuf en Océanie et sept en Amérique centrale.

Ce bilan nous permet-il d'avancer l'idée de la réalité historique d'un déluge qui se serait simultanément abattu sur tous les continents de la planète ? Faute de preuves, les spécialistes excluent cette hypothèse. Ils préfèrent voir dans le récit biblique un ou plusieurs événements bien localisés, issus d'intenses perturbations météorologiques, qui auraient servi d'inspiration aux auteurs de l'épisode. Mais quel type d'événement naturel et dans quelle région ? Il pourrait s'agir des effets d'un tremblement de terre, d'un raz-de-marée, d'un affaissement du continent, de la rencontre de deux plaques ou, plus impressionnant encore, du basculement de la Terre sur son axe.

La communauté scientifique penche plutôt pour un spectacle peu commun aux yeux des hommes, parfaitement situé et daté. La montée des eaux du Déluge prendrait directement ses sources dans une catastrophe naturelle causée par la fin de la dernière glaciation quaternaire, entre 10000 et 5000 avant J.-C. La fonte des glaces aurait provoqué des pluies abondantes, entraînant la montée du niveau de la mer Égée et la rupture de la barrière rocheuse du Bosphore. Le déferlement des eaux aurait transformé le lac d'eau douce existant en une mer – l'actuelle mer Noire – et aurait fait fuir une population prise de panique. Les observations réalisées sur des carottages et des prélèvements de coquillages attestent ce scénario.

Qu'en est-il donc de la fameuse arche de Noé, abandonnée sur le mont Ararat ? En 1829, l'alpiniste estonien Friedrich Parrot accomplit la première ascension du massif mais n'y découvre rien. En 1893, sans aucune preuve, l'archidiacre Jean Joseph Nourri prétend l'avoir découverte et examinée de près. Durant la Première Guerre mondiale, l'aviateur russe Vladimir

Roskovitski déclare l'avoir survolée. Enfin, en 1955, Fernand Navarra ramène un prétendu morceau du vaisseau qui, daté au carbone 14, se révèle être largement postérieur à l'époque du Déluge. Depuis, de nouvelles missions de recherche ont été menées mais elles n'ont donné lieu à aucune découverte.

LES ALIGNEMENTS DE CARNAC

Vers 3500 avant J.-C.

Le village de Carnac, dans le département du Morbihan, abrite le plus impressionnant site mégalithique du monde. Haut lieu culturel français, il attire bon nombre de touristes et de passionnés de la préhistoire tout au long de l'année. Érigés bien avant la construction des pyramides, les 3 000 imposants *menhirs* – « pierres longues » en celte – qui se dévoilent aux yeux des visiteurs sont la preuve de toute la spiritualité et de toute l'ingéniosité des hommes du néolithique. Ils sont alignés et dressés vers le ciel entre le IVe et le IIIe millénaire avant notre ère.

À l'origine, les pierres étaient au nombre de 10 000. Suite aux destructions volontaires au fil des siècles et au terrible tremblement de terre de 1722, il ne reste plus aujourd'hui qu'un tiers d'entre elles. Actuellement on peut observer trois groupes distincts de mégalithes sur un périmètre de trois kilomètres : le Menec, Kermario et Kerlescan. Sur plus d'un kilomètre de long, le Menec compte 1 099 menhirs alignés sur 11 files ainsi qu'un cromlech [1] de 71 pierres. Sur une longueur similaire, Kermario réunit 1 029 menhirs rangés en ordre décroissant et disposés sur dix rangées. Enfin, Kerlescan, le site situé le plus à l'est, concentre 555 menhirs répartis sur 13 files et se conclut à son extrémité ouest par un cromlech de 39 pierres.

La construction d'un tel ensemble n'est pas le travail d'une seule génération. Malgré les difficultés des archéologues pour dater le site, on peut imaginer que la durée du chantier a dû s'étendre sur près d'un millénaire. Le site de Carnac est à relier avec l'entrée des populations d'Europe de l'Ouest dans un mode sédentaire. Les techniques de construction se devinent d'après notre connaissance des instruments que les hommes avaient à

---

1. Monument mégalithique formé de menhirs dressés en cercle ou en ellipse.

leur disposition à cette époque, en l'occurrence des instruments de bois et des cordages. Des expériences de reconstitution des gestes ont permis de conclure à la technique du levier pour dresser des pierres dont le poids se mesure en tonnes. Une autre question, essentielle, demeure à l'esprit des archéologues. Quelle était la fonction d'une telle architecture ?

L'hypothèse du caractère sacré du lieu est avancée. On sait que les menhirs ont été construits pour être des sépultures. Mais quel rôle donner aux dolmens qui ont adopté la fonction de tombe postérieurement à leur érection ? L'hypothèse d'une immense horloge astronomique n'est pas à exclure. On a pu observer que les mégalithes de Kerlescan avaient été disposés d'après la position du soleil à son lever à l'équinoxe. On a également constaté que la place des menhirs de Kermario a été déterminée selon le lever du soleil au solstice d'été. Aussi le professeur Alexander Thom a vu dans la position des pierres de Carnac la matérialisation d'un calendrier préhistorique. Néanmoins, ses théories scientifiques, complétées avec celles issues de l'observation du site de Stonehenge, ont été remises en question et n'ont pas permis de mettre un point final aux interrogations. Les alignements bretons conservent encore une grande part de leur mystère.

LES PYRAMIDES D'ÉGYPTE

Vers 2500 avant J.-C.

Des sept merveilles du monde, la pyramide de Kheops est la seule que nous pouvons encore admirer aujourd'hui. Avec les ensembles funéraires qui l'entourent, elle est classée au patrimoine mondial de l'UNESCO depuis 1979. Incarnation du génie des architectes de la civilisation égyptienne, elle représente l'apogée à une échelle monumentale d'un art et d'un savoir-faire qui ont évolué en quelques siècles. Si la pyramide de Kheops fascine les spécialistes éminents comme les plus jeunes, c'est très certainement parce qu'elle continue de renfermer de multiples énigmes. Des questions restent en suspens et animent les esprits les plus imaginatifs.

Héritière de la pyramide à degrés dont la première réalisation, dédiée au pharaon Djéser, est construite vers 2650 avant notre ère par l'architecte Imhotep à Saqqarah, la pyramide de Kheops présente quatre faces lisses, à l'image de celle de Snéfrou qui la précède. Le début des travaux commence dès la prise du pouvoir du pharaon qui règne de 2590 à 2565 avant J.-C. Elle adopte d'impressionnantes dimensions proportionnelles à la richesse du souverain. D'une hauteur de 147 mètres, aujourd'hui diminuée de 9 mètres, et d'une largeur de 230 mètres, elle couvre cinq hectares. Elle est traversée par de longs couloirs rectilignes qui mènent à une chambre souterraine, à la chambre de la reine et à la chambre du roi. Dominant le plateau de Gizeh comme l'ont voulu ses architectes, elle sera par la suite entourée des pyramides de Kephren, de Mykerinos ainsi que du Sphinx.

L'absence de dépouille dans le sarcophage de granit rose a fait naître bon nombre de théories. Depuis des siècles, les hypothèses vont bon train. Le monument ne serait pas la sépulture d'une momie royale. C'est ainsi que la Grande Pyramide a successivement été vue comme un grenier à blé, une gigantesque bibliothèque, un coffre-fort, une mémoire de l'unité de mesure du pays, le lieu choisi pour les rites d'initiation du culte d'Isis, un instrument astronomique, une matérialisation de la connaissance du nombre pi et de la rotondité de la Terre, la représentation architecturale de prophéties ou du récit de la Bible, mais aussi, et plus curieusement, une balise émergée pour guider Noé en plein déluge, un sarcophage renfermant l'Arche d'alliance, le témoignage de rescapés de l'Atlantide engloutie ou encore l'accès vers un prétendu monde à l'intérieur de la Terre.

La thèse astronomique pourrait être retenue car la disposition de la pyramide, dont les quatre faces sont exactement orientées en direction des quatre points cardinaux, peut surprendre et faire réfléchir. De plus, les conduits de ventilation dans les chambres du roi et de la reine pointent en ascendance constante vers le nord et le sud. Mais il est inutile de faire de ces observations une interprétation hasardeuse et dénuée de preuves matérielles. Nous pouvons simplement constater l'étendue des connaissances, précises et fiables, de la civilisation égyptienne dans les domaines des mathématiques et de l'étude des astres, ainsi que la croyance en l'élévation vers le ciel du pharaon défunt.

La question des conditions et du mode d'édification de la pyramide de Khéops, et des deux autres pyramides de Gizeh, apporte un même flot d'hypothèses et un début de certitudes. Les Égyptiens ne nous ont en effet légué aucun témoignage à ce sujet. Les résultats des fouilles archéologiques permettent d'avancer un tableau plus ou moins précis du chantier. Celui-ci est une véritable fourmilière qui réunit les contremaîtres, les géomètres et les divers artisans spécialisés, tels que les tailleurs de pierre. La main-d'œuvre, recrutée parmi les paysans du pays et non parmi des esclaves dirigés à coups de fouet comme la légende aime le répéter, peut compter jusqu'à 30 000 individus en période de crue du Nil. Elle est logée et nourrie mais n'est pas payée. Seul le patron du domaine agricole auquel appartient l'ouvrier est dédommagé. D'après Hérodote, le chantier de la pyramide de Khéops a duré vingt ans.

L'interrogation centrale reste celle-ci : comment les Égyptiens ont-ils pu déplacer et élever 2 300 000 blocs de pierre et en faire de telles merveilles architecturales ? Acheminées sur le Nil en crue, les pierres étaient débarquées sur le plateau avant d'être déposées sur des traîneaux de bois pour être déplacées vers le chantier. Et ensuite ? Différentes thèses s'opposent. Certains historiens, comme Hérodote, ont avancé l'idée du balancier mais le dispositif paraît insuffisant vu le poids des blocs qui se mesure en tonne. L'éventualité de l'usage de la poulie et du treuil est tout aussi impossible quand on sait que la roue n'existe pas encore. L'hypothèse de la rampe est donc la plus plausible, d'autant plus que cette technique a laissé des souvenirs dans quelques dessins et dans le sol qui entoure la pyramide.

La rampe, qui évolue au fil de l'élévation du chantier, peut revêtir différents aspects. La rampe hélicoïdale longe parfaitement les parois, la rampe en spirale s'enroule autour du monument, la rampe frontale se dirige depuis l'extérieur vers un côté, à la perpendiculaire de celui-ci. Les contraintes de chacun de ces dispositifs conduisent les archéologues à ne pas s'arrêter définitivement sur l'un d'eux. La rampe hélicoïdale pose le problème du virage de la pierre à 90° et la rampe en spirale ne peut s'imaginer qu'en fin de chantier quand la rampe frontale devient trop longue ou trop inclinée pour atteindre les dernières hauteurs du monument.

Toutes ces théories, longuement élaborées, sont balayées par certains ufologues qui prétendent détenir l'explication. Ils avancent l'idée que les Égyptiens auraient simplement eu recours à une aide extraterrestre. Conclusion qui n'est pas sans désarmer la communauté scientifique.

LES MÉGALITHES DE STONEHENGE

Vers 2000 avant J.-C.

Classé au patrimoine mondial de l'UNESCO en 1986, le monument mégalithique de Stonehenge paraît magique aux yeux de ceux qui s'y retrouvent depuis quatre mille ans pour assister au lever du soleil lors du solstice d'été. Érigé à l'époque du néolithique dans la plaine de Salisbury, au sud de l'Angleterre, ce cercle de pierres dressées au milieu d'un désert est un lieu tout à fait spectaculaire. S'il ne subsiste aujourd'hui que la moitié des pierres de la construction originale, dont certaines sont tombées au sol, une récente reconstitution à l'identique a permis d'observer l'ampleur du travail réalisé par les hommes de l'époque et l'effet produit auprès des populations qui s'y retrouvaient.

L'entrée était symbolisée par deux énormes blocs de pierre appelés *pierres talons*. Trois blocs rectangulaires, appelés *pierres de sacrifice*, conduisaient à un premier cercle, le cercle extérieur, composé de 30 pierres de sarsen soutenant 30 linteaux. À l'intérieur de ce cercle se dressaient 5 trilithes [1] de sarsen disposés selon une forme de fer à cheval. L'un de ces trilithes mesurait plus de 7 mètres et dominait le cercle extérieur. Enfin, 89 pierres bleues étaient placées en cercle et en fer à cheval. La plus haute, nommée *pierre d'autel*, s'élevait à plus de 4 mètres de hauteur.

Depuis toujours, cet étrange monument suscite les plus grandes interrogations. De quelles régions proviennent les deux types de pierre utilisés ? Comment les hommes ont-ils réussi à transporter ces blocs jusqu'à une plaine encadrée de relief, de marécages et de forêt ? Par quelle technique les mégalithes ont-

---

1. Construction composée de deux pierres supportant une troisième pierre qui constitue un linteau.

ils été dressés ? Quelle était la fonction de la construction ? S'agissait-il d'un calendrier astronomique ? Ou était-ce un lieu de culte ? De sacrifice humain ?

Une multitude de missions de recherche et d'expériences ont en partie permis de répondre à ces questions. D'abord, les fouilles archéologiques ont conduit à affirmer que ce sont plusieurs Stonehenge qui se sont succédé. Le monument s'est transformé au fil des siècles. Entre 3000 et 2000 avant notre ère, il s'agit d'un fossé circulaire, de petites excavations nommées *trous d'Aubrey* et d'une première pierre talon. En 2000 avant J.-C., des pierres en plus grand nombre font leur apparition avant d'être associées à des mégalithes durant le millénaire qui suit. Pour cette ultime étape – l'érection du cercle extérieur – les blocs, qu'ils aient été destinés à remplir la fonction de pilier ou de linteau, ont été méticuleusement sculptés avec un autre outil de pierre.

L'origine des pierres et leur mode de transport ont pu être déterminés. Les pierres bleues sont de la roche volcanique que l'on trouve dans un seul endroit en Grande-Bretagne, dans les Preseli Hills, au pays de Galles, à 385 kilomètres à l'ouest de Stonehenge. Les 89 blocs, dont certains pèsent jusqu'à 4 tonnes, ont dû être transportés par des bateaux qui longeaient les côtes galloises jusqu'au canal de Bristol pour ensuite emprunter la rivière Avon et une courte voie terrestre. Les pierres de sarsen proviennent des Marlborough Downs, situées à 30 kilomètres du monument. Ces blocs, dont certains pèsent plus de 40 tonnes, ont dû être arrimés à des structures en bois pour être déplacés grâce à des leviers qui adoptaient le mouvement d'une rame.

Pour dresser les mégalithes, les hommes glissaient ceux-ci dans des trous pentus avant de les tirer à la verticale grâce à un chevalet rudimentaire. Les linteaux, eux, d'un poids de 12 tonnes environ, étaient élevés à 4 mètres au-dessus du sol grâce à des plateformes de bois qui gagnaient en hauteur par la superposition de rondins. Les efforts fournis pour acheminer et ériger tous ces blocs de pierre nous laissent imaginer l'importance que le site devait recouvrir à l'époque de la préhistoire.

La disposition des pierres ne s'est absolument pas faite au hasard. La reconstitution du site de Stonehenge, dont l'orientation a été déterminée en fonction de la position précise du soleil à l'époque du néolithique, a permis de confirmer plusieurs constatations. Au solstice d'été, le soleil se levait précisément entre les deux pierres talons et ses premiers rayons atteignaient le centre du cercle. Au solstice d'hiver, le soleil était encadré par le plus grand trilithe quand il se couchait. Le monument a également été bâti en fonction de la position de la Lune. Selon l'astronome anglais Gerald Hawkins, le cercle formé par les trous d'Aubrey avait un lien direct avec le cycle des éclipses lunaires. Et le fait de déplacer six pierres d'un trou chaque année permettait de prévoir les mouvements de l'orbite sur de longues périodes. Stonehenge devait donc certainement se rapporter à une fonction astronomique, mais était-il un observatoire entièrement maîtrisé ?

Si l'on considère la pierre comme sépulture, on peut également associer Stonehenge à un monument bâti à la mémoire des morts. Des ossements humains brûlés y ont été retrouvés. D'autres sites, proches en apparence de celui de Stonehenge, ont été bâtis en bois, un matériau à faire correspondre au monde des vivants. La rivière Avon aurait donc incarné le rôle de passage symbolique de chaque individu de la vie à la mort. Vu sous ce prisme, le monument constituerait une des premières représentations du sacré. Était-ce un lieu funéraire ou un théâtre religieux ? Organisait-on des rites à l'intérieur du cercle ? La disposition confinée des pierres nous le laisse imaginer. En effet, on peut considérer deux zones indépendantes, une zone publique et une zone secrète. Placé dans l'une de ces zones, on ne peut voir ou entendre ce qui se passe dans l'autre, et inversement.

En 2008, des archéologues anglais avancent une nouvelle thèse, celle du haut lieu thérapeutique. En raison du prétendu pouvoir curatif de ses pierres, le site de Stonehenge aurait attiré de nombreux malades. Participe à cette théorie la découverte de la sépulture d'un jeune homme, enterré avec des fragments de pierre, probablement utilisés comme des talismans.

Toutes ces hypothèses, même si elles ne sont pas encore confirmées, ont davantage de crédit aux yeux des scientifiques et des chercheurs que ce que certains ufologues ont voulu voir dans le monument de Stonehenge : un lieu dont la fonction se rapprocherait de celle des lignes de Nazca, interprétées comme des aires d'atterrissage pour vaisseaux spatiaux.

LES MINES DU ROI SALOMON

Vers 950 avant J.-C.

Au Xᵉ siècle avant notre ère, le royaume d'Israël est majoritairement dominé par le règne de Salomon. Celui-ci offre à son pays une prospérité commerciale et économique sans précédent. Grand bâtisseur, le roi érige des forteresses, des cités entrepôts et un palais dans lequel il entretient toute une cour. Sa richesse ne passe pas inaperçue. Elle est même décrite dans l'Ancien Testament qui en livre l'origine : le pays d'Ophir.

Le premier Livre des Rois nous offre le récit d'une expédition maritime qui part du port d'Ezion-Geber, l'actuelle Eilat, en mer Rouge. Les navires, fournis par le roi phénicien Hiram de Tyr, reviennent avec 420 talents d'or. Ce premier voyage est le point de départ d'un flot de richesses destiné à Salomon. En un an, ce sont 670 talents d'or, du bois de santal et des pierres précieuses qui arrivent sur les côtes du royaume. Les attributs de la royauté se couvrent alors de métal jaune : le trône d'ivoire, les boucliers et le temple de Jérusalem. Mais où se trouvent ces fameuses mines d'or qui ont fait toute la légende de Salomon ? Dans le chapitre X, il est dit que la reine de Saba aurait personnellement offert de l'or au souverain. Les deux puissants s'approvisionneraient-ils sur le même site ?

L'explorateur allemand Karl Mauch pense avoir découvert cet endroit unique quand, en 1871, il révèle au grand jour Great Zimbabwe, une impressionnante cité de l'Afrique subsaharienne de près de 80 hectares, entièrement construite en pierre, fortifiée par un rempart de 11 mètres de haut et de 6 mètres d'épaisseur et dominée par une tour conique de 9 mètres. Persuadé qu'il s'agit des mines du roi Salomon, il appuie sa thèse sur les idéologies racistes de son époque : seul un peuple blanc, les Juifs en l'occurrence, pouvait être capable de bâtir de tels édifices. Sa conviction emporte des écrivains dont l'inspiration se trouve relancée. En 1885, le romancier anglais sir Henry Rider Haggard publie *Les Mines du roi Salomon*.

Mais l'affirmation de Mauch s'oppose rapidement aux observations de l'Anglais David Randall-MacIver qui, en 1905, avance l'idée que Great Zimbabwe est d'origine locale. La datation de ce centre commercial, unique sur le continent africain, permet de mettre un terme définitif à la querelle archéologique. L'édification entière ne remonterait qu'entre le XIe et le XVe siècle. Great Zimbabwe n'en demeure pas moins une découverte exceptionnelle. Témoignage de la civilisation bantoue des Shona, elle est classée au patrimoine mondial de l'UNESCO en 1986.

Parallèlement, en 1938, est découvert le site d'Ezion-Geber, le lieu de départ des expéditions, par l'archéologue américain Nelson Glueck. Ses vestiges révèlent l'existence passée d'installations, comme des hauts fourneaux destinés à la transformation du cuivre et du fer. C'est un système simple d'échanges qui se découvre. Parmi d'autres produits, l'or importé était troqué contre des objets fabriqués dans le port.

Reste l'énigme de la localisation des mines de Salomon. Vers quelle destination se dirigeaient les navires qui quittaient Ezion-Geber et longeaient les côtes de la mer Rouge ? Si Great Zimbabwe n'est pas ce lieu légendaire, la clé pourrait quand même se trouver en Afrique australe. L'actuel Zimbabwe est riche de gisements aurifères, comme le Mozambique.

À la lecture de la version arabe de l'Ancien Testament et des écrits de l'historien Flavius Josèphe, certains spécialistes ont préféré se tourner vers les Indes, région productrice du bois de santal, un des éléments de la cargaison des bateaux. D'autres encore se sont orientés vers le Yémen, à l'extrémité sud-ouest de la péninsule arabique. Mais une expédition terrestre aurait dû suffire pour une destination si directe. L'ensemble de ces localisations hypothétiques a un point commun : leur situation en bordure de la moitié ouest de l'océan Indien. Finalement, peut-être que la richesse de Salomon n'est que la somme des productions des régions aurifères dispersées autour de la mer des Indes.

LA TOUR DE BABEL

Vers 600 avant J.-C.

La Genèse nous raconte les circonstances et les conditions de la construction de la tour de Babel jusqu'à l'abandon de son chantier. À l'image du Déluge qui le précède, cet épisode représente une nouvelle punition divine face aux desseins contestables des mortels. Il est à l'origine de la dispersion des humains à travers le monde et de la diversité des langues.

Les descendants de Noé, qui parlent tous la même langue, se retrouvent dans une plaine, au pays de Shinéar, et décident de la peupler. Ils choisissent de façonner des briques pour bâtir une ville ainsi qu'une tour dont le sommet doit pénétrer le ciel, selon la volonté de leur représentant, Nemrod. Dieu, descendu sur Terre pour constater les travaux, prend ombrage de ce projet unanime, appelé *Babel* ou *Babylone* – Porte de Dieu –, qui conduit à confondre le royaume divin et le monde terrestre. Pour interrompre l'entreprise, il crée différents langages et disperse les hommes. Sans être détruit, le chantier est abandonné pour toujours.

Le récit de la Genèse repose-t-il sur une réalité historique ? Peut-on envisager la construction d'un tel édifice à une époque aussi reculée ? Aujourd'hui encore, aucun bâtiment n'a atteint les 1 000 mètres de hauteur et on est très loin du ciel. La dernière prouesse architecturale en date reste la Burj Dubaï, encore en chantier ; la flèche ne devrait culminer qu'à 900 mètres d'altitude.

En 1913, l'archéologue allemand Robert Koldewey découvre dans l'antique Babylone l'empreinte d'une tour carrée de plus de 91 mètres de côté, appelée *Etemenanki* – maison du haut lieu entre le Ciel et la Terre. Cette tour va rapidement être associée à la tour de Babel. Si les vestiges ne confirment pas la réalité historique de la construction légendaire – Etemenanki ne compte que sept étages et atteint seulement 90 mètres de hauteur –, son projet la rend assez semblable.

Etemenanki, dont l'origine de la fondation nous reste inconnue, prend toute son ampleur sous le règne de Nabopolassar (625-605 avant J.-C.) qui en a reçu l'ordre par Mardouk, le dieu tutélaire de Babylone. L'édifice atteint un haut degré de sophistication sous Nabuchodonosor II (605-562 avant J.-C.). Son sommet est orné de briques d'émail bleu en accord avec le lieu qu'il vise à atteindre. Contrairement au texte biblique, il n'est pas une représentation du défi des humains à l'égard de Dieu mais l'incarnation du respect et de l'obéissance envers celui-ci. Par ailleurs, la diversité de l'origine et des langues des constructeurs n'a pas empêché le chantier d'être achevé.

Etemenanki connaît une histoire mouvementée qui la réduit en poussière. La tour subit les méfaits des combats qui opposent les Babyloniens aux Perses. Redécouverte avec admiration par Alexandre le Grand en 331 avant J.-C., elle n'a jamais été restaurée et est tombée en ruine. La population s'est servie de ses pierres pour édifier de nouveaux bâtiments, jusqu'à ce qu'un chantier s'installe sur ses propres fondations.

Faute de vestiges, peut-être ne doit-on voir dans la tour de Babel qu'une allégorie, directement inspirée des ziggourats monumentales de la région de Babylone.

LES POÈMES HOMÉRIQUES

Vers 550 avant J.-C.

L'*Iliade* et l'*Odyssée* sont deux longs poèmes attribués à Homère. Transmis de génération en génération depuis l'Antiquité, ils sont considérés comme incontournables et nécessaires à toute éducation littéraire et historique. Réunissant dans une seule et même œuvre des personnages divins et mortels, des sentiments de haine et d'amour, des gestes héroïques et quotidiens, ils offrent au lecteur une vue très large de ce qu'était la civilisation grecque.

L'*Iliade* nous raconte la dernière année de la guerre de Troie, déclenchée neuf ans plus tôt par l'enlèvement d'Hélène, épouse du roi Ménélas, par le troyen Pâris. Il se concentre en particulier sur le personnage de l'Achéen Achille qui, après avoir abandonné la bataille, retourne au combat pour venger la mort de son ami Patrocle par Hector. L'*Odyssée* nous permet d'en apprendre davantage sur les premières années de la guerre de Troie ainsi que sur son issue. On suit alors le parcours semé d'obstacles d'Ulysse, depuis son départ de Troie où il a combattu jusqu'à son arrivée dans son royaume d'Ithaque où il vainc les prétendants.

La tradition attribue l'écriture de ces textes à Homère, surnommé *le Poète*, un personnage mal connu dont la biographie repose essentiellement sur les *Vies d'Homère*, récit majoritairement légendaire, héroïsant l'écrivain et lui offrant un statut quasi divin. Ayant probablement vécu au Xe ou au IXe siècle avant J.-C., il fait l'objet d'une bataille entre plusieurs cités. Sept cités au total prétendent être le berceau du poète, selon l'*Anthologie Palatine* : Chios, Colophon, Cumes, Smyrne, Pylos, Argos et Athènes. Qu'en est-il réellement ? Homère a-t-il existé ? Est-il l'auteur de ces deux poèmes ?

En 1670, le théoricien du théâtre François Hédelin, abbé d'Aubignac, affirme que les écrits d'Homère ne sont qu'une œuvre collective et que le poète aveugle n'a jamais existé. Cette thèse est réaffirmée par l'helléniste allemand Friedrich August Wolf en 1795. La *question homérique* prend corps à la lumière des deux textes comparés et analysés : il existe une vraie différence entre l'*Iliade* et l'*Odyssée*. Alors que le premier volume est un récit épique, bien structuré, qui décrit des combats sanglants faisant appel à la présence de divinités, le second poème est un texte initiatique, assez désordonné, défendant les valeurs du courage et de l'amour fidèle dans des scènes où se succèdent monstres, sirènes et sorcières. Le manque d'unité, flagrant dans l'*Odyssée*, laisse supposer une tentative de combinaison d'épisodes issus de la tradition orale. On le remarque dans les anachronismes répétés et les formules typiques employées.

C'est assurément ce patrimoine immatériel, incarné dans le récit même de l'*Odyssée* à travers les personnages d'aèdes [1] de Phémios et Démodocos, qui va constituer la base d'une première fixation du récit, établie à Athènes au VIᵉ siècle avant notre ère. Hipparque en ordonne la récitation annuelle dans la cité, à l'occasion de la fête des Panathénées. Au siècle suivant, les deux poèmes servent à l'apprentissage de la lecture et à l'éducation morale et religieuse des jeunes Grecs.

Le problème de l'origine des deux textes résolu, se pose une autre question : les faits qu'ils relatent se fondent-ils sur une réalité historique et géographique ? Longtemps, les passionnés d'Homère se sont demandé si la guerre de Troie, située aux environs de l'année 1250 avant J.-C., avait bien eu lieu et si la cité même de Troie avait existé. De nouveaux éléments révélés accumulés au fil des siècles permettent en partie de répondre à ces interrogations.

C'est le riche commerçant allemand, passionné d'histoire antique, Heinrich Schliemann, qui, le premier, tente de prouver la réalité des textes homériques. En 1871, il débute ses fouilles sur la colline d'Hissarlik, à l'entrée du détroit des Dardanelles, dans l'actuelle Turquie. Deux ans plus tard, il y découvre ce qu'il nomme et pense être le *trésor de Priam*, du nom du roi troyen. Si les ruines qu'il dévoile sont bien celles de la cité

---

1. Poètes épiques et récitants de la Grèce.

légendaire, Schliemann fait une erreur de datation que l'avenir révélera. Le trésor, qu'il fait remonter au XIIIᵉ siècle avant J.-C., est bien antérieur à la guerre car il date du IIIᵉ millénaire avant notre ère. À Mycènes, les fouilles de l'Allemand sont tout aussi fructueuses. Schliemann découvre la porte des Lions et des tombes renfermant des objets précieux qu'il fait correspondre, de façon encore erronée, au trésor d'Agamemnon, personnage contemporain de l'*Iliade*. Ce qu'il découvre date du IIᵉ millénaire avant J.-C.

La reprise des campagnes de fouilles de la cité troyenne, dirigée par Wilhelm Dörpfeld, plus méthodique que son prédécesseur, permet de dresser une chronologie précise de l'histoire du site de Troie. L'observation des vestiges conduit à dégager neuf cités superposées, la plus ancienne remontant au IIIᵉ millénaire avant J.-C., la plus récente étant d'époque romaine. Troie VII (1300-1200 avant J.-C.) porterait-elle les traces d'un conflit ? Ses ruines témoignent d'un incendie mais la superficie qu'elle occupe est inférieure à celle qui est décrite dans les poèmes. Troie VI (1800-1200 avant J.-C.) s'apparente davantage dans ses dimensions au récit homérique mais elle a subi les effets d'un tremblement de terre et non d'une guerre. La question de la réalité historique du conflit reste donc posée. Il en va de même pour le royaume d'Ithaque. Les fouilles sur l'île éponyme n'ont apporté aucune révélation sur le personnage d'Ulysse, mis à part la découverte d'une pierre gravée portant une dédicace en son honneur.

Enfin, Heinrich Schliemann a voulu voir dans les plus vieux vestiges de Troie et de Mycènes les codes d'une civilisation empruntés par Homère pour l'écriture des poèmes. Mais la reconstitution de la société mycénienne n'a quasiment rien à voir avec les descriptions des deux récits dont les éléments relèvent davantage des siècles obscurs, une période qui s'étend de 1200 à 800 avant notre ère, et de l'apparition des premières cités-États. En définitive, à l'image du site archéologique de Troie, l'*Iliade* et l'*Odyssée*, œuvres de tradition orale formées au fil des siècles, sont le résultat d'une superposition, celle des traces des différentes civilisations et traditions qui se sont succédé dans le monde grec, assorties de connaissances géographiques et de l'imagination fertile de ses auteurs.

II

Le Moyen Âge et les Temps modernes

LE VASE DE SOISSONS

486

Au milieu du Vᵉ siècle, la Gaule n'est encore qu'une mosaïque de peuples barbares. Clovis, qui hérite du petit royaume de son père Childéric en 481, n'a alors qu'une seule volonté, celle de conquérir les territoires de ses voisins, notamment ceux des Wisigoths. Mais le jeune roi des Francs décide de faire débuter sa marche en direction des Romains et de son général Syagrius qui a établi sa capitale à Soissons.

Les soldats de Clovis profitent de leurs conquêtes pour piller les lieux les plus somptueux et réunir un butin qu'ils ont l'habitude de partager en parts égales, en tirant au sort, selon la loi de la guerre. À Soissons, Clovis fait clairement part de son désir de recevoir un vase liturgique, propriété d'un évêque, sur la demande de ce dernier. L'un des soldats francs, présent lors du partage, proteste contre cet abus et frappe l'objet convoité pour le briser. Honteux, Clovis doit rendre le vase abîmé à l'évêque et vit ce moment comme une épreuve. L'ecclésiastique semble néanmoins honoré de pouvoir récupérer l'objet disparu.

Un an plus tard, en passant ses troupes en revue, Clovis se retrouve face à l'homme qui a cassé le vase. Lui reprochant la négligence de sa tenue, il jette les armes du soldat à terre et profite du fait que celui-ci se soit baissé dans le but de les ramasser pour le frapper mortellement à la tête avec sa hache et lui crier : « Ainsi as-tu traité le vase de Soissons. » Tel est le récit que nous livre le prélat Grégoire de Tours dans ses *Dix livres d'histoire*, improprement appelés *Histoire des Francs*. Mais cet événement, devenu l'un des grands épisodes d'une histoire de France mythifiée, a-t-il bien existé ?

Aujourd'hui, les historiens reconnaissent la probable véracité du fait mais sont également d'accord pour dire que l'altercation entre Clovis et le soldat a été délibérément exagérée par le chroniqueur, habitué aux développements oratoires et aux récits d'allure légendaire, conséquences de la nature de ses sources, d'origine essentiellement orale. En témoigne une autre version de l'épisode, plus authentique et écrite de la main de Frédégaire. Celui-ci ne mentionne pas la mort du soldat rebelle. Clovis a pu adopter la même force en frappant son guerrier que celle de ce dernier sur le vase. Dans ce cas, le roi n'aurait porté aucun coup fatal.

Quant au vase, constamment regardé comme brisé, on en retrouve sa trace, bien après la mort de Clovis, dans le testament de saint Remi, l'évêque de Reims, dont l'identité n'avait pas été révélée dans le récit de Grégoire de Tours. L'objet précieux, en relatif bon état, est en argent et doit être destiné à être transformé en « un encensoir et un calice gravé de représentations ». Le vase devait donc être lourd et beau.

Au-delà de ces considérations, l'épisode du vase de Soissons est important car il nous informe sur les intentions de Clovis durant sa campagne militaire. Le roi des Francs impose incontestablement sa supériorité à ses guerriers en refusant le partage du butin à parts égales. Il rappelle son droit de vie et de mort en tant que chef de guerre en frappant l'un de ses soldats. Enfin, il tente de s'attirer l'alliance du haut clergé de Gaule en répondant à la requête de saint Remi.

LE TRÉSOR DES CATHARES

1244

Au XIIᵉ siècle, le catharisme est un mouvement religieux qui se développe dans le midi de la France, surtout en Languedoc. Accusant le pouvoir, la violence et la richesse de la papauté chrétienne, ses adeptes forment une contre-Église. Celle-ci prône un retour à l'idéal évangélique et défend le dualisme qui repose sur la coexistence du monde matériel de Satan et du royaume éternel de Dieu. Solidement implantée par l'adhésion de seigneurs occitans, elle est également clairement hiérarchisée. Elle existe grâce à des bénéfices commerciaux et des dons qui serviront bientôt à sa survie clandestine. Les principaux centres cathares se situent à Albi, Béziers, Carcassonne, Montauban et Toulouse.

En 1208, le pape Innocent III appelle à la guerre sainte contre les hérétiques. Autorisée par le roi Philippe Auguste qui n'y participe pas, elle est commandée par Arnaud Amaury, abbé de Cîteaux, et les barons du Nord, rapidement rejoints par le seigneur Simon de Montfort. Après le sac de Béziers et la prise de Carcassonne en 1209, l'affrontement contre les albigeois devient le prétexte à une conquête territoriale de la royauté sur l'ensemble du Sud-Ouest. C'est une guerre sanglante qui va durer plus de trente-cinq ans. Alors que les seigneurs sont traqués et dépossédés de leurs fiefs, l'Inquisition, à son apogée, commet ses crimes. La condamnation contre les hérétiques, énoncée par le IVᵉ concile du Latran en 1215, est renouvelée par le concile de Toulouse en 1229. Cette même année, le traité de Paris officialise le rattachement du Languedoc au royaume de France.

En 1243, les derniers *parfaits* trouvent refuge à Montségur, une forteresse accrochée à un éperon rocheux, en plein cœur du pays de Foix. Le siège du château, ordonné par le roi

Louis IX en personne, dure dix mois. Le 16 mars 1244, les hérétiques, qui refusent d'abjurer, se dirigent d'eux-mêmes vers le bûcher dont l'emplacement est aujourd'hui appelé *champ des Brûlés*. Cette issue, qui ne met pas réellement un terme définitif au catharisme, fait émerger l'idée que des survivants de Montségur auraient été les dépositaires d'un trésor. Selon des témoignages, celui-ci aurait été discrètement sorti de la forteresse, la veille de la reddition, pour rejoindre une cache secrète située dans l'une des nombreuses grottes des environs. Cette version n'a pas laissé de marbre les chercheurs de trésor, professionnels et amateurs, qui se sont jetés sur toutes les cavernes, parfois au péril de leur vie, sans trouver la moindre trace du butin.

Anne Brenon, spécialiste des hérésies médiévales, nous livre une version toute différente et très décevante pour les passionnés. Le trésor, tel que nous l'imaginons aujourd'hui, n'était qu'une simple réserve monétaire que l'on pouvait trouver dans bien d'autres communautés religieuses de la région. Nous connaissons même le sort de celui de Montségur. Placé sous la surveillance du beau-frère du seigneur de la forteresse à Noël 1243, il a été confié à quatre hommes qui ont évité le supplice du feu et l'ont acheminé jusqu'à Crémone, ville refuge de l'Église cathare occitane.

LE TRÉSOR DES TEMPLIERS

1307

Consacré par le concile de Troyes le 13 janvier 1128, l'ordre du Temple a pour fonction la conservation de la Terre sainte, conquise en 1099. Ses chevaliers, qui ont fait vœu de pauvreté, de chasteté et d'obéissance, doivent protéger les colons qui s'y trouvent et les pèlerins qui s'y rendent. Parallèlement, ils développent une activité bancaire à laquelle ils se consacrent pleinement après la perte du royaume de Jérusalem en 1291. L'ordre réunit alors une fortune considérable, essentiellement composée de terres et de bâtiments. Il aurait possédé jusqu'à deux mille commanderies, deux millions d'hectares cultivés et la moitié des maisons de Paris.

Devenus bien plus riches que le royaume de France lui-même, les Templiers s'attirent la haine du roi Philippe le Bel qui ordonne, sous de faux chefs d'accusation, leur arrestation collective en 1307. Jetés en prison, ils vont traverser une lente agonie jusqu'à la mort de leur haut représentant, Jacques de Molay, dernier grand maître de l'ordre, le 18 mars 1314.

Qu'est-il alors advenu de la fortune des Templiers ? Au moment de l'arrestation, les officiers royaux fouillent l'ensemble des commanderies. Ils n'y trouvent que quelques archives sans importance. Où est donc passé tout l'argent que les religieux manipulaient quotidiennement ? A-t-il été sorti du royaume pour être placé en sécurité dans un lieu secret ou est-il resté enfoui quelque part en France sans que personne soit encore parvenu à le retrouver ? Doit-on lire dans les graffitis de Chinon, de Domme et de Gisors que les Templiers ont gravés lors de leur détention des indications codées permettant de nous conduire au fameux trésor ? Une rumeur prétend que, la veille de l'arrestation de l'ordre, trois lourds chariots ont discrètement quitté le Temple de Paris pour une destination demeurée inconnue.

Pour Roger Lhomoy, un jardinier du château de Gisors, la réponse est toute trouvée. Durant la période de la Seconde Guerre mondiale, il découvre sous la forteresse une crypte renfermant des sarcophages et trente coffres de métal précieux. C'est en tout cas ce qu'il prétend. Car les campagnes de fouilles, réclamées par André Malraux, qui se tiennent successivement en 1962 et 1964, n'aboutissent à rien, sauf à la déstabilisation des fondations du château qui manque de s'effondrer. Des travaux de consolidation sont venus réparer les méfaits de cette chasse au trésor et les fouilles à Gisors sont aujourd'hui interdites.

En fin de compte, on est en droit de se demander s'il a vraiment existé un trésor. Certes, chaque commanderie disposait d'un peu de numéraire pour ses affaires courantes mais l'essentiel de la fortune de l'ordre, amassé grâce aux dons ou aux bénéfices de l'activité bancaire, était le plus souvent intégralement réinvestie dans de nouveaux domaines. L'image de coffres remplis d'or et d'argent continue néanmoins d'animer les plus courageux, bien déterminés à prouver qu'un trésor sommeille sous nos pieds.

LE SUAIRE DE TURIN

1357

Depuis sa première exposition publique en 1357, le suaire de Turin fascine le monde chrétien et même au-delà. Cette pièce de lin filé, tissée sergé à chevrons, longue de 4,40 mètres et large de 1,10 mètre, serait le linceul du Christ. Les images du visage et du corps de ce dernier y sont clairement imprimées. Relique authentique ou faux moyenâgeux ? La question reste posée depuis plusieurs siècles.

L'origine du suaire de Turin est obscure. Au terme d'un cheminement particulièrement chaotique, le suaire d'Édesse, devenu suaire de Constantinople, et celui de Turin ne seraient qu'un. C'est la conclusion de certaines thèses qui restent à confirmer. La première certitude sur le suaire est son exposition en l'église de Lirey, près de Troyes, en 1357. Sa propriétaire, la veuve de Geoffroy Ier de Charny, dit tenir la relique de son mari, sans aucune autre explication. Alors que l'Église ne certifie en rien l'authenticité de la pièce, Lirey devient un haut lieu de pèlerinage. Passé à la famille du duc de Savoie en 1453, le suaire est exposé en l'église ducale de Chambéry qui devient, elle aussi, lieu de pèlerinage. Il échappe de justesse aux flammes en 1532 et connaît ses premières restaurations deux ans plus tard, renouvelées en 1694 et 1868. Transféré à Turin en 1578, il appartient au Vatican depuis 1983.

Déjà à l'époque de ses premières ostensions, le suaire est sujet à polémique. L'évêque de Troyes, Pierre d'Arcis, est catégorique : la relique est fausse et c'est l'œuvre d'un vulgaire peintre. Pourtant, ce sont les premières photographies du suaire, réalisées par l'avocat italien Secundo Pia en 1898, qui vont révéler l'incroyable netteté des images imprimées de l'homme supplicié. Celles-ci sont d'autant plus étranges qu'aucun pigment n'a été retrouvé sur le tissu et que des analyses laissent à penser que le drap a pu recouvrir un cadavre. Comment un corps humain a-t-il pu laisser sa trace sur un tissu ? Pourquoi l'image est-elle parfaitement plane alors qu'elle devrait être déformée ? D'après les croyants, le phénomène s'est produit lors de la Résurrection. Quel que soit le processus d'impression, il est saisissant d'observer les détails contenus dans ces images. On y retrouve les cicatrices du fouet, le coup de lance sur le flanc, les traces de la couronne d'épine, les poignets percés (et non les mains) et les coulées d'un liquide identifié par certains biologistes comme du sang humain.

Les moyens modernes de la science ont été mis au service de l'analyse du suaire. En 1988, une datation au carbone 14 est effectuée sous la coordination des experts du British Museum. Ces derniers apportent des conclusions claires : le tissu date d'une période située entre 1260 et 1390. Le suaire serait donc un faux moyenâgeux. Les résultats sont contestés. En effet, les prélèvements sur la pièce de tissu ont été réalisés uniquement sur les bordures, des endroits qui peuvent n'être que des restaurations. L'Église n'a pas autorisé le prélèvement de nouveaux échantillons jusqu'à aujourd'hui. Par ailleurs, la méthode de tissage du suaire est celle qui était pratiquée au Moyen Orient il y a deux mille ans. Enfin, des pollens retrouvés sur le tissu révèlent un séjour de la relique en Palestine. Cette dernière conclusion, qui peut participer à l'authentification du linceul, est battue en brèche par de nouveaux spécialistes. Le suaire de Turin, objet de ferveur pour les uns, continue d'être un sujet de questionnements et d'affrontements scientifiques pour les autres.

Le retour de Jeanne d'Arc

1436

Tombée aux mains des Anglais en 1430, Jeanne d'Arc est jugée à Rouen l'année suivante. Son tumultueux procès se clôt par une condamnation à mort. La Pucelle est brûlée sur la place du Vieux-Marché de la ville. Afin d'effacer toute trace de son souvenir, ses cendres sont jetées dans la Seine. Pourtant, des rumeurs courent à travers le royaume. La fidèle alliée du roi Charles VII ne serait pas morte. Elle aurait été remplacée par une autre détenue sur le bûcher. Certains pensent même qu'elle se serait évadée grâce à un souterrain creusé depuis sa cellule.

En 1436, cinq ans après la mort de Jeanne, une jeune femme dénommée Claude provoque la stupéfaction à Metz. Des seigneurs sont persuadés de voir en elle la Pucelle et l'incitent vivement à retrouver ses frères. Lors de la rencontre fatidique, ces derniers sont sous le choc : il s'agit bien de leur sœur, brûlée quelques années plus tôt. La nouvelle de la survie de Jeanne d'Arc se répand dans tous le pays. Quelques-uns de ses anciens compagnons accourent pour la reconnaître, parmi lesquels le sire Nicolle Lowe, le sire Nicolle Groingnait et le seigneur Aubert Boulay. Tous sont formels : il s'agit bien de Jeanne. Pour preuves, ne sait-elle pas monter à cheval, porter les armes et répondre aux questions de ses proches ?

Elle repasse par la ville de Metz dans laquelle elle est acclamée et couverte de présents avant de gagner la confiance de la duchesse du Luxembourg à Arlon et du comte de Warnenbourg à Cologne. Elle se marie avec Robert des Armoises, un seigneur lorrain, qui lui fait deux enfants et lui donne le titre de Pucelle de France. Leurs deux blasons sont unis pour l'éternité. Parallèlement, l'un des frères de Jeanne se fait messager en répandant la bonne nouvelle, notamment à Orléans où tout le monde croit au miracle. Une seule personne résiste à la jeune femme, le roi Charles VII, qui ne répond à aucune de ses missives.

En 1439, Jeanne des Armoises entre dans Orléans où elle est célébrée par toute la population qui la reconnaît. Immédiatement, la ville prend la décision de cesser la commémoration qu'elle organisait chaque année en souvenir de sa disparition. Au terme de cet épisode heureux, la jeune femme retrouve le maréchal de France Gilles de Rais qui l'a tant servie dans le passé. Lui aussi est formel : il a bien la Pucelle devant lui.

Un an plus tard, on retrouve Jeanne des Armoises à Paris, dans des conditions bien moins favorables qu'à Orléans. La jeune femme s'explique devant des magistrats, dans la grande cour du Palais. En présence du peuple, elle avoue être une menteuse et demande pardon. Elle raconte avoir frappé ses parents, avoir visité le pape pour rentrer en grâce, avoir fait la guerre en habit d'homme et avoir tué par deux fois. Jeanne des Armoises est emprisonnée plusieurs mois avant de se remarier avec un certain Jean Douillet.

La survie de Jeanne d'Arc ne fut donc pas une énigme très longue. La Pucelle a bien été brûlée à Rouen. Certes, le jour de sa mort, l'ordre donné de ne pas communiquer avec elle pouvait être interprété comme un indice suspect. Mais les Anglais sont attachés à ce principe : il ne peut y avoir aucun doute sur sa disparition. À cette fin, Jeanne d'Arc a été volontairement présentée à plusieurs reprises aux spectateurs durant son exécution. Que peut-on alors penser des proches de la Pucelle et de leurs témoignages ? Certains d'entre eux ont assurément voulu croire au plus profond d'eux-mêmes à la survie de l'héroïne. D'autres, à l'image des deux frères, ont probablement été tentés de profiter de l'occasion pour mener grand train.

Les prophéties de Nostradamus

1555

Passé à la postérité sous le nom de Nostradamus, Michel de Nostredame naît à Saint-Rémy-de-Provence le 14 décembre 1503. Il aurait déjà appris les bases de la médecine et de l'astronomie durant son enfance avant d'entrer à la faculté de médecine d'Avignon, puis à celle de Montpellier. Professionnellement installé à Agen où il est marié et père de deux enfants, sa vie se trouve bouleversée quand son foyer succombe à une épidémie. Parti seul pour Bordeaux en 1539, il décide de devenir médecin itinérant. Ses périples à travers la France permettent de faire éclore une première légende sur des prophéties qu'il prononcerait au gré des rencontres faites sur son chemin. Ainsi la mémoire collective a retenu le fait qu'il ait reconnu le futur pape Sixte V.

Âgé d'une quarantaine d'années, Nostradamus retourne dans sa région natale où il se remarie. Il s'établit à Salon-de-Provence et continue de soigner les malades, frappés par la peste, en parcourant le sud de la France et l'Italie. Cette nouvelle vie connaît une autre rupture quand, en 1555, est publié un premier ouvrage, *Les Prophéties de M. Michel Nostradamus*. Sous des quatrains d'un style torturé, présentés en *centuries*, Nostradamus dévoile sa passion pour l'astronomie et ses qualités de prophète. Il est convaincu que les astres, qui influencent le comportement du corps, sont également les instruments d'une prédiction pour celui qui a reçu un don de ses aïeux. Son livre rencontre un tel succès que de nouvelles éditions, enrichies au fil des années, se succèdent à intervalles réguliers.

Invité à la cour de Catherine de Médicis, il prédit à celle-ci que, fait exceptionnel, ses trois fils régneront. L'histoire le confirmera. L'année 1564 est la consécration de la carrière de Nostradamus : il est nommé conseiller et médecin ordinaire du jeune roi Charles IX quand celui-ci passe par Salon-de-Provence. Jusqu'à son dernier souffle, Nostradamus est au service de ses patients. Il meurt dans la nuit du 2 au 3 juillet 1566.

Depuis leur première publication jusqu'à aujourd'hui, les écrits de Nostradamus ont provoqué de vives critiques qui en ont fait oublier toute l'intelligence et l'humanité de l'homme, un savant loué par Ronsard et pleinement installé dans son siècle. Il faut cependant bien avouer qu'à la première lecture, les quatrains du prophète paraissent obscurs. Sans aucun respect de la chronologie et de la syntaxe, ils nécessitent une interprétation. Celle-ci peut alors facilement conduire le lecteur à les rapprocher d'un événement personnel. Dans ce cas, les strophes de Nostradamus ne portent en elles qu'un caractère universel. Les nombreuses éditions des strophes de Nostradamus n'ont-elles été qu'une simple opération commerciale ? Pas si sûr lorsque l'on se penche sur certains passages qui parviennent à jeter le trouble jusque dans les esprits les plus sceptiques.

Dans le quatrain 35 de la centurie I, Nostradamus prédit, quatre ans à l'avance, la mort du roi Henri II :

> « Le Lyon jeune le vieux surmontera,
> En champ bellique par singulier duelle,
> Dans cage d'or les yeux lui crèvera,
> Deux classes une puis mourir mort cruelle[1]. »

Nous retrouvons dans ces vers les éléments de l'événement du 30 juin 1559, lors d'un tournoi : la démonstration militaire d'Henri II et du jeune Gabriel de Montgomery, la lance de ce dernier transperçant l'œil du roi et la lente agonie du souverain.

Nostradamus n'a-t-il pas dans ces vers prophétisé l'assassinat du duc de Guise qui survient le 23 décembre 1588 ?

> « En l'an qu'un œil en France régnera,
> La Cour sera à un bien fascheux trouble.
> Le Grand de Bloys son amy tuera,
> Le regne mis en mal et doubte double[2]. »

(Centurie III, quatrain 55)

---

1. Fontbrune (Jean-Charles de), *Nostradamus*, éditions du Rocher, 1980 (sources : seconde édition de 1605 faite par Benoist Rigaud à Lyon).
2. *Ibid*.

Il annonce en une ligne la condamnation à mort de Charles Ier par le Parlement anglais. Le roi sera décapité à Londres, devant le palais de Whitehall, le 30 janvier 1649.

« Senat de Londres mettront à mort leur Roy[1]. »

(Centurie IX, quatrain 49)

Dans un registre tout proche, c'est l'épisode de la fuite de Louis XVI jusqu'à Varennes que l'on peut imaginer dans le quatrain 20 de la centurie IX :

« De nuict viendra par la forêt de Reines,
Deux pars vaultorte Herne la pierre blanche
Le moine noir en gris dedans Varennes,
Esleu cap cause tempeste, feu, sang, tranche[2]. »

La dernière ligne n'évoque-t-elle pas les troubles meurtriers de la Révolution ? D'ailleurs, Nostradamus a prédit une grande transformation pour l'année qui suit la fuite du roi. Dans sa lettre à Henri II datée du 27 juin 1558, il écrit : « L'an 1792 que l'on pensera être une rénovation du siècle[3]. » N'est-il pas question de la proclamation de la Ire République ? À celle-ci suit le temps des exécutions royales :

« Le trop bon temps, trop de bonté royale
Faicts et déffaicts prompt, subit, négligence,
Léger croira faux d'espouse loyale
Luy mis à mort par sa bénévolence[4]. »

(Centurie X, quatrain 43)

C'est aussi le personnage et la carrière de Napoléon que l'on croit découvrir à travers trois quatrains disséminés dans le recueil :

« Un Empereur naistra près d'Italie,

---

1. *Ibid.*
2. *Ibid.*
3. Lignon (Yves), Raynaud (Olivier) et Morisson (Jocelyn), *Les Énigmes de l'étrange*, First, 2005, p. 295.
4. Fontbrune (Jean-Charles de), *Nostradamus, op. cit.*

Qui à l'empire sera vendu bien cher,
Diront avec quels gens il se ralie
Qu'on trouvera moins Prince que boucher[1]. »

(Centurie I, quatrain 60)

« De la cité marine et tributaire
La teste raze prendra la Satrapie :
Chassez sordide qui puis sera contraire.
Par quatorze ans tiendra la tyrannie[2]. »

(Centurie VII, quatrain 13)

« De soldat simple parviendra en empire,
De robe courte parviendra à la longue
Vaillant aux armes en église ou plus pyre,
Vexer les prêtres comme l'eau faict l'esponge[3]. »

(Centurie VIII, quatrain 57)

On retrouve Napoléon Bonaparte, né en Corse, se faisant connaître lors du siège de Toulon, avant d'arriver quelques années plus tard au pouvoir en faisant basculer la France d'un Directoire démocratique à un Empire autoritaire et belliqueux.

Même s'il est certain que ces extraits ne sont choisis que parce qu'il s'agit des plus convaincants, comment ne pas être troublé par tant de prophéties que l'histoire a validées ? Alors que certains ne voient dans l'œuvre écrite de Nostradamus qu'une conjugaison au futur des choses du passé, d'autres prêtent une oreille plus attentive aux éventuelles capacités parapsychologiques du médecin.

1. *Ibid.*
2. *Ibid.*
3. *Ibid.*

L'HOMME AU MASQUE DE FER
1669

En 1661, le jeune Louis XIV ordonne l'arrestation de son surintendant des Finances, Nicolas Fouquet, accusé de malversations. D'Artagnan participe à la mission et se voit confier par le roi la surveillance du détenu à la forteresse de Pignerol. Le mousquetaire refuse et propose le nom de Bénigne de Saint-Mars pour le remplacer. Maréchal des logis de confiance, Saint-Mars devient donc en 1665 gouverneur de la prison de Pignerol, située à une soixantaine de kilomètres au sud-ouest de Turin. Quatre ans plus tard, il y reçoit un nouveau détenu. Les conditions d'incarcération de ce dernier sont à la fois précises et particulières. Le prisonnier doit être surveillé jusqu'à sa mort par le geôlier, son identité doit rester secrète et il ne doit en aucune manière communiquer avec l'extérieur. S'il révèle son nom ou parle d'autres sujets que de « ses nécessités », il doit être immédiatement tué. Pourquoi de telles précautions et un tel mystère autour d'un condamné ? Saint-Mars lui-même semble l'ignorer.

En 1681, le gouverneur est nommé au château d'Exilles, une autre prison du royaume, proche de celle de Pignerol. Il emmène avec lui l'inconnu et y demeure jusqu'en 1687, date à laquelle il obtient un nouveau poste, celui de gouverneur de la forteresse de Sainte-Marguerite, dans l'archipel des Lérins. Pour ce nouveau transfert, Saint-Mars fait preuve d'un tel zèle qu'on le soupçonnerait presque de forger lui-même le mythe du Masque de fer en suscitant la curiosité du peuple. Respectant les consignes qui lui avaient été transmises lors de l'entrée de l'inconnu à Pignerol, le gardien impose une chaise à porteurs intégralement couverte de moleskine et un masque de velours noir que le prisonnier ne quittera plus et que la légende, lancée par Voltaire, transformera en masque de fer équipé de ressorts d'acier. C'est dans le cadre de Sainte-Marguerite que se serait tenu l'épisode de l'assiette d'argent sur laquelle le détenu aurait gravé un message avant de la lancer à la mer. Récupérée par un pêcheur, l'assiette aurait été un sujet d'angoisse pour Saint-Mars jusqu'à ce que celui-ci apprenne que le détenteur de l'objet était analphabète. La scène, issue des écrits de Voltaire, reste historiquement contestable mais participe à la survivance de la légende.

En 1698, Saint-Mars obtient un dernier poste, celui de gouverneur de la Bastille. Une fois de plus, il prend toutes les précautions qui s'imposent pour respecter l'anonymat de l'inconnu. Dans la forteresse parisienne, le détenu est de nouveau placé à l'écart des autres prisonniers et continue de se déplacer masqué. Son visage a pourtant vieilli avec le temps et serait difficilement reconnaissable. L'inconnu meurt le 19 novembre 1703 après trente-quatre ans d'emprisonnement. Il est enterré au cimetière Saint-Paul sous le nom de Marchiali. Saint-Mars disparaît cinq ans plus tard. Dans sa tâche, le geôlier était assisté d'Étienne du Junca, le premier à s'intéresser à l'identité de l'obscur personnage souhaitant faire taire les rumeurs. Malgré le sérieux de ses investigations, ce sont toutes les hypothèses, des plus sérieuses aux plus incongrues, qui vont se succéder au fil des années. Parmi elles, se distingue celle qui désigne Molière comme étant le Masque de fer.

Pour découvrir la vérité, il faut examiner de près les registres tenus par Saint-Mars ainsi que la correspondance qu'il entretenait avec le marquis de Louvois, puis avec son fils Barbezieux. Au total, ce sont sept détenus qui sont enregistrés à Pignerol. Parmi eux doit forcément se trouver le Masque de fer. Il s'agit de savoir ce qu'ils sont devenus après leur entrée dans la forteresse alpine pour en arriver à l'identité du mystérieux prisonnier.

- Nicolas Fouquet, le surintendant des Finances déchu et emprisonné à vie, meurt en mars 1680, avant que Saint-Mars ne rejoigne son poste à Exilles.
- Le comte de Lauzun, maréchal de camp du roi, est condamné à rejoindre Pignerol en 1671 suite à des propos outrageants à l'égard de Mme de Montespan mais quitte la forteresse en 1681. Devenu duc de Lauzun, il meurt en 1723.

- Un moine, condamné à l'emprisonnement pour escroquerie autour d'une pierre philosophale imaginaire, entre à Pignerol en 1674 et devient fou. Il meurt en prison en 1694.
- La Rivière, fidèle valet de Fouquet, reste en prison après la mort de son maître et meurt pendu à Exilles en 1687.
- L'officier Dubreuil, accusé d'espionnage au service de l'Espagne, est libéré en 1684.
- Le comte Matthioli, condamné pour avoir dévoilé un traité secret entre Louis XIV et le duc Charles IV de Mantoue, entre dans la forteresse de Pignerol en 1679 avant de rejoindre directement Sainte-Marguerite où il meurt probablement en 1694, année à partir de laquelle son nom disparaît des registres. Saint-Mars récupère très certainement son patronyme et le déforme pour donner une identité au Masque de fer lors de ses funérailles au cimetière Saint-Paul.

De ces six détenus, aucun ne peut être le Masque de fer. Selon de nombreux historiens, l'inconnu serait donc le septième de la liste, Eustache Dauger (ou Danger). Peu de choses nous sont parvenues sur ce personnage. Il aurait été valet et se serait fait arrêter à Calais en juillet 1669. Conduit par le major de Dunkerque, Alexandre de Vauroy, jusqu'à Pignerol pour être emprisonné, il y touche une pension identique à celle des gens ordinaires. Il faut croire que l'importance du secret qu'il porte décroît avec le temps car il est autorisé à entrer au service de Fouquet au sein même de la forteresse de Pignerol dès 1675.

Une seule question reste sur toutes les lèvres : quelle était la nature du secret de cet énigmatique Dauger ? Y avait-il un lien avec une affaire diplomatique de premier ordre ? Ces questions sensées, qui restent encore posées aujourd'hui, ne balaient d'aucune manière les anciens questionnements toujours aussi présents dans l'inconscient collectif. L'inconnu n'était-il pas l'enfant illégitime de la reine Anne d'Autriche, mère de Louis XIV ? Mieux encore, n'était-il pas le frère jumeau du Roi-Soleil ? Dans ce cas, son secret ne reposait-il pas sur son visage, en tous points identique à celui du monarque ?

Après sa mort, les geôliers s'appliquent à ne laisser aucune trace matérielle de son passage. Ses objets personnels sont détruits et les murs de sa cellule sont poncés. Son identité aurait été révélée par le Roi-Soleil lui-même au futur régent, Philippe d'Orléans, qui n'évoquera jamais le sujet. Le mystère est donc resté entier, pour le plus grand plaisir des écrivains et des cinéastes qui ont vu en ce prisonnier, le plus connu de France, tantôt une victime de l'arbitraire royal, tantôt une figure typiquement romantique.

Les géants de l'île de Pâques

1722

Classé au patrimoine mondial de l'UNESCO en 1995, le décor de l'île de Pâques fascine les visiteurs qui s'y rendent pour admirer les célèbres *moai*, ces immenses statues dressées sur le littoral. Située au cœur de l'océan Pacifique, à plus de 3 500 kilomètres des côtes chiliennes, l'île a abrité une civilisation encore obscure aux yeux des plus grands spécialistes.

L'île, aperçue par le flibustier Edward Davis en 1687, est visitée pour la première fois par Jacob Roggeveen le 10 avril 1722. Les Polynésiens lui ont déjà donné un nom, Rapa Nui. Mais le commandant hollandais la baptise « île de Pâques » en raison du calendrier. La rencontre entre les Européens et les autochtones se fait dans de singulières circonstances. Parce que les habitants de l'île ont volé du matériel sur le navire de Roggeveen, celui-ci décide de les punir en les attaquant avant de quitter les lieux. Il n'oublie cependant pas de faire décrire ce qui fait l'île dans son journal de bord, et notamment la présence d'étranges statues sculptées, lui semble-t-il, dans l'argile.

En novembre 1770, c'est au tour de l'Espagnol Felipe Gonzales y Haedo de découvrir l'île. Ignorant le passage des Hollandais, il la nomme « San Carlos », du nom du roi d'Espagne, et l'annexe à la couronne. Pour rendre compte de ce nouveau territoire à son souverain, il dresse la première carte du lieu et s'interroge, lui aussi, sur l'origine et la signification des statues dispersées sur son sol qui font toute son admiration. Lorsqu'ils découvrent l'île en 1774 et 1786, l'Anglais James Cook et le Français La Pérouse se posent les mêmes questions. En 1862, plus d'un millier d'hommes sont déportés et réduits en esclavage par les Péruviens. La majorité d'entre eux meurent sur le continent la même année. Cette ponction annonce le déclin de la civilisation pascuane qui s'affirme quand, dix ans plus tard, le futur Pierre Loti visite l'île. En 1888, le Chili annexe le territoire. Il y construira un bagne et y relancera ainsi l'activité humaine.

La première étude ethnographique de l'île est menée par l'Anglaise Katherine Routledge en 1914 et 1915. Dans les années 1950, une étude archéologique est dirigée par le Norvégien Thor Heyerdahl. Ce dernier tente notamment de comprendre le mode d'érection et la signification des 800 statues dont certaines ont été placées dos à la mer. Atteignant une hauteur de 20 mètres pour les plus grandes, leur poids se mesure en tonnes. Elles ont été sculptées dans le tuf, la roche volcanique de l'île. Elles représentent des hommes au visage rectangulaire, dépourvus de membres inférieurs. Quelques-unes ont l'originalité d'être couronnées d'un grand chapeau taillé dans un minéral différent de celui du corps, mais bon nombre d'entre elles n'ont jamais été achevées, abandonnées à même la carrière. À l'origine, leurs yeux immenses, faits de corail blanc et de tuf noir ou rouge, étaient tournés vers le ciel. Tombés, ils ont laissé à ces immenses visages cubiques des orbites vides. Retrouvés lors de fouilles menées par l'archéologue pascuan Sergio Rapu en 1978, ils ont été replacés comme à l'origine.

Les recherches menées tout au long de la seconde moitié du XXᵉ siècle permettent aujourd'hui d'affirmer que les *moai* ont été érigés entre le XIIIᵉ et le XVIIᵉ siècle, période durant laquelle le nombre d'habitants sur l'île était le plus élevé. La population usait de la forêt dense qui couvrait l'île pour fabriquer les leviers et les madriers nécessaires à l'élévation des statues. Cette déforestation aurait été la cause de la progressive extinction du peuplement autochtone. Des spécialistes avancent également l'hypothèse de luttes intestines et d'épidémies.

La question la plus importante qui reste encore sans réponse claire est celle-ci : pourquoi avoir érigé ces immenses statues ? L'explication est peut-être contenue dans des tablettes de bois gravées. Ces « tablettes parlantes », retrouvées sur l'île et appelées « rongo-rongo », portent des inscriptions qui restent encore aujourd'hui indéchiffrables. Le docteur Steven Fischer, directeur de l'Institut des langues et des littératures polynésiennes à Auckland en Nouvelle-Zélande, avance l'idée qu'elles témoigneraient des croyances du peuple de l'île.

LE CHEVALIER D'ÉON
1755

Homme ou femme ? Le chevalier d'Éon reste l'un des personnages les plus énigmatiques de toute l'histoire de France. Né le 5 octobre 1728 à Tonnerre, en Bourgogne, Charles Geneviève d'Éon de Beaumont est issu d'une famille de la noblesse de robe. Ses prénoms, masculin et féminin, dévoilent une certaine ambiguïté que l'intéressé ne cessera de cultiver durant toute sa vie. Brillant élève, il est envoyé dans la capitale où il suit les enseignements du collège des Quatre Nations et les cours d'escrime du célèbre Teillagory. Devenu avocat au parlement de Paris, il rédige une thèse sur les finances royales sous Louis XIV. Remarqué pour ses écrits, il devient censeur royal pour l'Histoire et les Belles Lettres à 21 ans seulement.

Son mystère naît un soir de 1755, quand il arrive costumé en femme à Versailles à l'occasion d'une fête de carnaval. À cette époque, le travestissement est très librement pratiqué dans les milieux nobles et aristocrates, dans un but de séduction ou d'espionnage. C'est ainsi que l'on retrouve de nombreux personnages déguisés dans les pièces de théâtre. L'une des figures historiques les plus emblématiques de cette mode est l'abbé de Choisy, un ecclésiastique original qui aimait s'exhiber habillé en robe et paré de bijoux. L'accoutrement féminin va si bien à Charles Geneviève que le roi Louis XV lui-même est séduit. Victime de la supercherie, ce dernier se rend vite compte qu'il détient en cet être troublant un atout très utile pour faire avancer sa politique étrangère. D'Éon est aussitôt placé au service du « secret du roi », le premier service de renseignements du royaume.

À la veille de la guerre de Sept Ans, la France cherche à resserrer ses liens avec l'Empire russe. Pour entrer en contact avec la tsarine Elisabeth Petrovna, Louis XV ne voit qu'un seul intermédiaire : Charles Geneviève d'Éon. Envoyé à la cour de Russie, travesti en femme sous l'identité de sa sœur, Lia de Beaumont, sa mission consiste à gagner la confiance de la Cour et à obtenir la signature d'un traité d'alliance. Le plan du roi fonctionne à merveille : l'espion parvient même à devenir lectrice au chevet de la tsarine (fait contesté par les sources russes). Un accord est conclu et la France obtient le soutien de la Russie pour affronter les Anglais. En guise de récompense, Louis XV offre à d'Éon une tabatière en or et le nomme lieutenant des Dragons. La légende se répand : le serviteur du roi doit certainement avoir une nature différente de celle qu'il veut bien montrer pour avoir réussi à berner la tsarine de toutes les Russies.

Devenu capitaine, d'Éon s'illustre dans les combats de la guerre de Sept Ans. Il gagne le titre de chevalier en recevant la croix de l'ordre de Saint-Louis. Cette distinction ajoute un peu plus de mystère encore à son personnage. Est-il un pédant efféminé ou plutôt un valeureux guerrier ?

Au terme de la guerre, le chevalier d'Éon est envoyé à Londres. Nommé secrétaire d'ambassade auprès du comte de Guerchy, il doit préparer en toute discrétion un plan pour venger la défaite de la guerre de Sept Ans : le débarquement des armées de Louis XV en Angleterre. L'absence de Guerchy lui fait perdre la tête. Sa mission accomplie, il donne des fêtes somptueuses, reprend naturellement le costume féminin et se fait appeler « Miss Terry ». Devenu l'une des grandes figures mondaines du moment, il fait l'objet d'incroyables paris. Les Anglais jouent des sommes considérables sur une seule et même question : d'Éon est-il un homme ou une femme ? On cherche même à le kidnapper pour obtenir la vérité. Louis XV voit d'un très mauvais œil ce train de vie dispendieux qui met à mal les finances de l'État. D'Éon se sert du secret militaire dont il a connaissance pour faire taire le roi. Ce dernier doit envoyer Beaumarchais pour négocier. Lors de sa mission, l'écrivain en profite pour percer le mystère. Créditées par sa grande expérience de séducteur, ses conclusions sont formelles : d'Éon est une femme.

Arrivé au pouvoir, Louis XVI connaît bien la légende du travesti. Convaincu lui aussi qu'il est une femme, il lui propose de rentrer en France après un exil de quinze ans. Il lui impose une condition : conserver de manière définitive l'habit féminin. Le chevalier la respecte et devient donc Mlle d'Éon de Beaumont.

Il se montre d'abord en robe à la cour de Versailles avant de partir faire un séjour à Tonnerre où la population locale, qui a bien connu le jeune Charles Geneviève, n'en revient pas de le retrouver en dame. En 1786, pour régler des affaires financières, celui qui aime se surnommer la « pucelle de Tonnerre » regagne l'Angleterre. En grande difficulté à plus de 60 ans, il doit céder sa bibliothèque londonienne et participer à des exhibitions payantes d'escrime à travers le pays. Avec la Révolution, le chevalier ne bénéficie plus de l'appui financier du roi et ses biens situés en France sont vendus. Ruiné et bloqué outre-Manche, il est emprisonné avant de trouver refuge chez Miss Mary Cole. D'Éon meurt en femme le 21 mai 1810, à l'âge de 81 ans.

En France, en Russie et en Angleterre, le chevalier a alimenté une légende aujourd'hui passée à la postérité. Dans ses écrits autobiographiques, n'a-t-il pas avoué être né fille mais avoir été élevé comme un garçon ? Objet de fantasmes, son physique androgyne, sans barbe et avec un peu de poitrine, a suscité de multiples questions auxquelles les historiens et les médecins n'ont répondu qu'en partie. L'autopsie de son corps, effectuée en présence de près d'une vingtaine de témoins, offre néanmoins une certitude : le chevalier était pourvu d'« organes mâles parfaitement formés ». En excluant l'hermaphrodisme, son inclination pour le travestissement à partir de son premier séjour à Londres relèverait donc essentiellement de la psychologie. Différentes thèses se sont affrontées à ce sujet. Pour certains, d'Éon aurait été homosexuel. Pour d'autres, il aurait été impuissant. Pour d'autres encore, il aurait été dénué de tout désir sexuel et son costume aurait remplacé sa libido. L'hypothèse du syndrome de Klinefelter a donc été avancée. Aucune supposition n'a pu être retenue de façon définitive. Le chevalier devenu chevalière n'en a pas terminé de susciter la curiosité des passionnés.

LA BÊTE DU GÉVAUDAN

1764

Pendant trois ans, de 1764 à 1767, dans la province du Gévaudan, l'actuelle Lozère, une bête inconnue agresse et tue, provoquant l'angoisse et la superstition de toute une population. Ceux qui réchappent à ses griffes la décrivent comme un animal ressemblant à un loup, aux pattes puissantes, aux mâchoires destructrices et à la queue touffue. Dans une région couverte de montagnes, de grottes et de forêts, les recherches sont particulièrement difficiles et laissent les hauts dignitaires impuissants face à la sauvagerie des actes commis. Les cadavres des victimes portent les traces d'une férocité rarement observée. Le plus souvent, le ventre est déchiqueté, la gorge est tranchée.

Aux yeux de ceux qui l'ont croisée, la bête a un comportement singulier et déroutant. Elle s'aventure sur des prairies occupées par les troupeaux, mais elle s'en prend d'abord aux femmes et aux enfants, à la campagne comme en bordure des bourgs, parfois à plusieurs reprises dans une seule et même journée. Traquée pendant des heures, elle est capable de continuer à provoquer la population le soir, en rôdant autour des maisons. Insensible aux coups de fourche qu'elle reçoit, elle l'est également aux coups de fusil. Cette invulnérabilité a fait dire qu'elle était une créature de Satan, envoyée sur terre pour punir les pécheurs et les hérétiques, ou un homme déguisé pour assouvir ses pulsions morbides.

Face au désastre, les autorités réagissent vite. Étienne Lafon, syndic du diocèse de Mende, en appelle à la participation des dragons qui, placés sous le commandement du capitaine Duhamel, chassent la bête à partir du mois de septembre 1764. Parallèlement, les paysans s'arment de leurs outils et se lancent dans d'importantes battues, en vain. Deux mois plus tard, *La Gazette de France*, journal officiel du royaume, publie une première description de l'étrange animal qui, dès lors, suscite à la fois la peur et la fascination dans tout le pays.

Le 12 janvier 1765, c'est tout un groupe d'enfants qui rencontre la bête. Ayant courageusement défendu la vie de ses jeunes amis, le très modeste Jacques Portefaix reçoit une prime de trois cents livres et se trouve protégé par la monarchie qui lui fait épouser une carrière militaire. Peut-être s'agit-il là d'un vif encouragement de la part du roi Louis XV en direction de la population locale à vaincre l'animal. Mais les battues n'offrent aucun résultat et le commandant Duhamel se retire.

C'est un louvetier, Martin Denneval, fort de ses précédents succès, qui prend le relais en offrant ses services au mois de février 1765. Ses observations lui font rapidement dire que la bête n'est probablement pas un loup. Alors que les frères Martel de la Chaumette prétendent avoir tué l'animal, à tort, les soupçons se tournent en direction de deux hommes, Jean Chastel et son fils Antoine. Ces derniers traînent une mauvaise réputation et sont des cibles toutes trouvées pour une population devenue paranoïaque au regard d'un bilan particulièrement lourd. En un an, la bête a tué soixante-six personnes.

Versailles supporte mal l'immobilisme dans lequel est plongé le Gévaudan. Louis XV décide d'y envoyer son porte-arquebuse, le marquis François Antoine de Beauterne. L'optimisme des habitants, provoqué par l'arrivée du représentant du roi, est de courte durée. La créature continue de se cacher et de sévir dans un périmètre qui ne cesse de s'élargir. Enfin, le 21 septembre, Beauterne annonce avoir tué l'animal qui est identifié par quelques survivants et dont le corps empaillé est présenté à la cour de Versailles. L'affaire est officiellement close et le porte-arquebuse se retire du Gévaudan.

Pourtant, à partir du mois de décembre 1765, les agressions reprennent. Face au silence du roi, la région seule se mobilise. Le marquis Jean Joseph d'Apcher organise de nouvelles battues auxquelles participe toute la population paysanne. Le 19 juin 1767, Jean Chastel tue un loup, reconnu responsable des horreurs qui frappent le pays depuis trois ans. Fier de son exploit, il se présente à Versailles où il n'obtient aucune distinction. Il permet néanmoins aux habitants du Gévaudan de retrouver une certaine tranquillité. La bête ne frappera plus jamais.

Des questions subsistent. Y avait-il un lien entre Chastel et l'animal ? L'idée que l'homme avait dressé la bête avant de la tuer de ses propres mains a été avancée. Une autre hypothèse, celle de la réunion des actes de plusieurs loups, n'est pas à exclure. À moins que, considérant la nature trop craintive de ces animaux, il se soit agi des actes d'un seul homme, Chastel en l'occurrence, couvert de fourrures et protégé des balles qu'il pouvait recevoir.

LA PÉROUSE

1788

Jean-François de Galaup, comte de La Pérouse, est né près d'Albi en 1741. Il fait de brillantes études de marine, ce qui le conduit à se battre contre les Anglais dès 1759. Nommé capitaine en 1780, il connaît une certaine renommée lors de la guerre d'Indépendance américaine en participant à la destruction des établissements anglais de la baie d'Hudson. En mars 1785, il apprend par le maréchal de Castries, ministre de la Marine, qu'il a été choisi pour diriger une expédition d'un tout autre genre. Le roi Louis XVI, passionné de géographie, désire approfondir les connaissances scientifiques sur les territoires du Pacifique. Prenant pour exemples les précédentes missions françaises confiées à Louis-Antoine de Bougainville et à Yves-Joseph de Kerguelen, il charge La Pérouse de procéder à un tour du monde. Celui-ci doit être l'occasion de faire de nouvelles découvertes tout en respectant un caractère pacifique. L'expédition, dont la durée est fixée à vingt-deux mois, ne doit pas être ponctuée d'épisodes conflictuels avec les populations rencontrées.

Pour ce voyage inédit, qui a pour objectif de se concentrer autour de la côte américaine pacifique et de l'ensemble du littoral australien, la monarchie met à disposition deux vaisseaux-laboratoires : *La Boussole*, placée sous le commandement de La Pérouse, et *L'Astrolabe*, commandé par Fleuriot de Langle, savant et directeur de l'Académie de marine. Les deux bateaux sont chargés de vivres pour près de deux années, mais également de cadeaux pour les peuples que l'expédition croisera. Au total, ce sont 250 marins, accompagnés de scientifiques de disciplines diverses, qui quittent le port de Brest le 1er août 1785.

Après avoir franchi l'Équateur, l'expédition passe le cap Horn en janvier 1786 et entre dans le Pacifique. Remontant vers le nord, elle atteint en avril l'île de Pâques, une des premières étapes importantes du voyage. Des relevés, notamment des statues, y sont effectués. L'Alaska est rejoint en juillet 1786. Les courants violents dans une baie nommée « port des Français » provoquent la mort de vingt et un hommes, dont six officiers. Reparti vers le sud, La Pérouse atteint la région de l'actuelle Californie, puis gagne les îles Mariannes situées à l'ouest de l'océan. Passé par Macao, il reconnaît le détroit qui sépare les îles Sakhaline de Hokkaido le 2 août 1787. Le mois suivant, il atteint les rives du Kamtchatka. C'est à cet endroit que le jeune Barthélemy de Lesseps, qui participe à l'expédition, quitte La Pérouse et prend la voie terrestre pour apporter au royaume le premier volume du journal de bord.

En décembre, les deux bateaux atteignent l'archipel des Samoa où Fleuriot de Langle est massacré par les Indiens. En janvier 1788, après avoir traversé les îles Tonga, La Pérouse rejoint Botany Bay, à proximité de l'actuelle capitale Sydney, où il transmet le deuxième volume de son journal de voyage par l'intermédiaire des Anglais qui ont pris possession du territoire. Parti vers les îles Salomon en mars, il cesse subitement tout contact. Disparue, l'expédition est rapidement déclarée perdue et le triste sort qu'elle a pu connaître reste une énigme. Les événements de 1789 précipitent momentanément son oubli.

En septembre 1791, deux bateaux, *La Recherche* et *L'Espérance*, placés sous le commandement de l'amiral d'Entrecasteaux, sont lancés depuis Brest à la recherche de La Pérouse. L'expédition ne remplit qu'une seule de ses finalités : l'exploration géographique. Son équipage ne retrouve pas La Pérouse et succombe au scorbut. Pendant ce temps, Louis XVI, sur l'échafaud, aurait demandé des nouvelles de son explorateur disparu. Une autre expédition, dirigée par Aristide Dupetit-Thouars, est lancée l'année suivante mais elle n'atteint jamais les derniers secteurs traversés par *La Boussole* et *L'Astrolabe*.

Enfin, en 1827, le capitaine anglais Peter Dillon annonce avoir situé le naufrage de La Pérouse à Vanikoro, dans l'archipel des Salomon, à 2 000 kilomètres au nord de la Nouvelle-Calédonie. Il appuie ses affirmations sur les témoignages qu'il a pu recueillir sur place et sur la découverte d'objets français ayant fait partie de l'expédition. Certains membres de l'équipage auraient d'ailleurs survécu sur l'île avant de repartir dans de nouvelles embarcations. Alerté par les mêmes échos, Dumont d'Urville part de Toulon à la recherche de La Pérouse. Informé de la découverte de Dillon alors qu'il fait escale en Tasmanie, il prend aussitôt la direction du site. Arrivé à Vanikoro en 1828, il dresse des conclusions identiques à celles de Dillon et fait ériger un monument à la mémoire des disparus. Il n'en reste pas moins qu'une seule épave est pressentie sur le site de « la fausse passe ». Qu'est devenu l'autre bateau ?

Ce n'est qu'en 1964 qu'est découverte une seconde épave, sur le site dit de « la faille », par la marine nationale et l'équipe de l'amiral de Brossard. En 1981 est créée en Nouvelle-Calédonie l'association Salomon. Ses nombreuses campagnes de fouilles permettent de mettre au jour les divers objets qui remplissaient les caisses des deux vaisseaux français. En 1999, une nouvelle mission de recherche fait surgir un camp de survivants dans la baie de Païou. En 2003, c'est un squelette entier qui est découvert. Son analyse permet d'affirmer qu'il s'agit d'un membre de l'expédition, âgé de 31 à 35 ans. Dans le but de l'identifier, son visage est reconstitué par la sculptrice Elisabeth Daynes. L'« inconnu de Vanikoro » appartiendrait à l'état-major ou au comité scientifique d'un des deux bateaux mais son nom reste un mystère. Enfin, en 2005, la remontée d'un sextant appartenant à *La Boussole* confirme bien le naufrage du bateau de La Pérouse et son lieu, sur le site de « la faille ». Quant aux survivants du naufrage, il semble avéré qu'ils aient été massacrés par la population locale.

LA MORT DE LOUIS XVII

1795

En donnant naissance à son troisième enfant le 27 mars 1785, la reine Marie-Antoinette est loin d'imaginer le destin si singulier de ce petit Louis Charles qui sera l'une des grandes victimes de la chute de la monarchie en France. Élevé à la cour de Versailles, le prince est le sujet de toutes les attentions de la part de sa mère et devient officiellement le nouveau Dauphin de France à la mort de son frère aîné, Louis Joseph, en 1789. Il n'a que 4 ans quand les événements de la Révolution précipitent son père Louis XVI dans une irrémédiable déchéance. D'abord installée aux Tuileries, la famille royale est ensuite conduite à la prison du Temple où elle est incarcérée en août 1792. La promenade quotidienne de deux heures est le seul moment de détente dans une vie devenue à la fois triste et angoissante. La mort de Mme de Lamballe, une amie de la reine, attise les inquiétudes du clan sur son propre devenir.

Dans le donjon du Temple, l'héritier de la couronne de France occupe le deuxième étage avec son père. Ce dernier lui enseigne l'histoire, la géographie, le français, le latin et, dans un sursaut d'espoir, tente de lui inculquer les fondements de son futur métier de roi. Mais le procès qu'organise la Convention oblige Louis XVI à quitter la prison en décembre. Il n'y reviendra jamais : le roi est guillotiné sur la place de la Révolution le 21 janvier 1793. Les derniers monarchistes de France voient alors en son fils le nouveau roi de France. Ce dernier est autorisé à rejoindre sa mère, au troisième étage de la prison.

En juillet, Marie-Antoinette se voit à nouveau arracher son enfant qui est placé, sur ordre du Comité de salut public, au deuxième étage, sous la surveillance d'un couple, les Simon. L'isolement a pour objet de transformer le jeune Louis XVII, alors âgé de huit ans, en un petit citoyen révolutionnaire. Il permet également aux responsables du procès de la reine d'obtenir de violentes accusations d'inceste. Le 16 octobre 1793, l'enfant est orphelin : sa mère, elle aussi, a été guillotinée place de la Révolution. En janvier 1794, les Simon quittent la prison. C'est alors le début de l'agonie de Louis XVII qui se trouve placé dans un cachot, sans lumière et sans hygiène, sous la surveillance de quatre commissaires. Ses conditions d'incarcération arbitraires et inhumaines sont l'unique cause de la dégradation de sa santé. Barras, arrivé au pouvoir en juillet, se scandalise de cette situation mais ses mesures d'urgence ne permettent pas de remettre l'enfant d'aplomb. Celui-ci est déjà mourant. Le dernier médecin à s'en occuper, le docteur Pelletan, prend conscience de toute son impuissance face à ce cas désespéré. Louis XVII décède dans la journée du 8 juin 1795. Il avait 10 ans.

Le lendemain de la mort de l'enfant, alors que l'information du décès circule déjà, une autopsie du corps est pratiquée par le docteur Pelletan, assisté de deux autres médecins, les docteurs Dumangin et Jeanroy. Sans surprise, elle conclut à une mort provoquée par une tuberculose généralisée. Le corps est précipitamment sorti de la prison du Temple pour être enterré au cimetière Sainte-Marguerite. Dès lors, sans véritable sépulture, le jeune Louis XVII devient un mystère à lui tout seul. Est-ce bien lui qui est mort dans le donjon ? N'aurait-il pas été échangé avec un autre enfant au cours de son incarcération ? S'il est toujours vivant, où se cache-t-il ? Ces interrogations sont alimentées, en partie, par le témoignage de la veuve Simon qui ne cesse de clamer que Louis XVII n'est pas mort au Temple mais a été subtilisé et remplacé par un enfant sorti de l'École de chirurgie. Le Dauphin aurait d'ailleurs rendu visite à son ancienne gardienne en 1802. Vérité ou délire ? Quoi qu'il en soit, une légende est née et elle ne va pas s'éteindre de sitôt.

En octobre 1796, un enfant errant dans le département de la Manche prétend être issu de la noblesse et se donne différentes identités jusqu'à devenir, aux yeux de ceux qui veulent bien l'entendre, Louis XVII survivant. Démasqué par son propre père, il s'avère être Jean Marie Hervagault, l'enfant d'un tailleur de Saint-Lô. Il est condamné à quatre ans d'emprisonnement en février 1802. Enrôlé de force dans le bataillon colonial de Belle-Isle, il meurt à Bicêtre en 1812. Hervagault ouvre la voie à une quarantaine d'individus qui prétendent avoir été l'enfant de la prison du Temple.

Parmi eux, il est à distinguer Mathurin Bruneau, un jeune homme vulgaire qui tente de se faire passer pour Charles de Navarre puis pour Louis XVII alors qu'il est arrêté pour vagabondage. Dans ses lettres, il signe incorrectement « Daufin Bourbon ». La grande curiosité que provoque le prétendant à l'égard de la population locale accentue probablement la sévérité des juges qui le condamnent à sept ans de prison en 1818. Il meurt quatre ans plus tard au Mont-Saint-Michel, lieu de son incarcération.

Un autre prétendant, le baron de Richemont, n'hésite pas à faire apposer le nom de « Louis Charles Bourbon » sur son passeport. Poursuivi pour différentes affaires ayant pour trait commun l'usurpation d'identité, Richemont a toujours su s'entourer de solides soutiens. Lors de son principal procès en octobre 1834, il est condamné à douze ans de prison. En fuite après neuf mois de détention, il continue de faire parler de lui en lançant une procédure judiciaire pour rectification d'état civil et revendication de succession, en vain. En 1853, avant de mourir, il demande à faire graver sur sa stèle l'inscription « Nul ne dira sur ma tombe pauvre Louis que tu fus à plaindre ». Son acte de décès porte le nom de « Louis Charles de France », une mention corrigée six ans plus tard par « un inconnu se disant baron de Richemont ». En fait, le prétendu noble n'était que le fils d'un simple boucher de Lagnieu. Il se nommait Claude Perrin.

Le dernier prétendant sur lequel il est essentiel de se pencher est le Prussien Naundorff, un individu qui a réussi à semer le doute jusque dans l'esprit de la duchesse d'Angoulême, sœur de Louis XVII. Horloger de profession depuis 1810, Karl Wilhelm Naundorff révèle être Louis XVII alors qu'il est interrogé par les autorités de son pays suite à une affaire de fausse monnaie. Il déclare avoir passé son adolescence en Amérique avant de venir en Prusse. Condamné à trois ans de prison, il est libéré pour bonne conduite et confirme aux habitants de la ville dans laquelle il vient de s'installer, Crossen-sur-Oder, qu'il est Louis XVII. Ses déclarations sont particulièrement troublantes car elles narrent très précisément son incarcération à Paris. Néanmoins, le récit rocambolesque de son évasion et de son périple entre l'Amérique et l'Europe paraît douteux aux yeux de certains. Il trouve néanmoins en François Albouys un soutien indéfectible qui lui permet de venir en France en 1833.

Naundorff enchaîne alors les rencontres avec les personnes susceptibles d'attester son appartenance à la famille royale. Sa démarche fonctionne au point que même l'ancienne gouvernante du Dauphin, Mme de Rambaud, est convaincue qu'elle a devant elle l'enfant dont elle a pris soin. La précision du témoignage de Naundorff ajoutée à l'allure noble et soignée qu'il adopte trouble les monarchistes. La duchesse d'Angoulême refuse pourtant de le rencontrer. En 1836, le prétendant la poursuit devant les tribunaux. Louis-Philippe ordonne alors son arrestation et son expulsion. Reconverti dans la pyrotechnie, il crée à la fin de sa vie un explosif nommé « bombe Bourbon ». Il meurt à Delft en 1845. Son acte de décès porte le nom de « Charles Louis de Bourbon, duc de Normandie, Louis XVII, né au château de Versailles ». Sa disparition n'en fait pas pour autant un être oublié. De nombreux historiens du xxe siècle croient à son récit et cherchent à l'appuyer par de nouveaux documents et témoignages.

Tous les prétendants, démasqués ou non, ont donc entretenu la légende de la survie de Louis XVII mais n'ont jamais apporté de réponses claires aux multiples questions qui se posaient. En définitive, c'est la science qui va mettre un terme à une énigme longue de deux siècles. Après un itinéraire mouvementé digne des meilleurs romans-feuilletons, un cœur fait son entrée dans la basilique de Saint-Denis en 1975. Il s'agirait du cœur de Louis XVII que le docteur Pelletan aurait subtilisé lors de l'autopsie. En 1999, sous l'impulsion de l'historien Philippe Delorme, une comparaison entre les séquences ADN d'un échantillon du cœur et celles des cheveux de Marie-Antoinette et de ses sœurs est menée par le professeur Cassiman de l'université de Louvain. Elle atteste que le cœur appartient bien à un membre de la famille de Marie-Antoinette, très certainement à Louis XVII si l'on a toute confiance en l'enquête menée sur le parcours chaotique de la pièce maîtresse. Le résultat scientifique est confirmé un an plus tard par le professeur Brinkmann de l'université de Munster en Allemagne. Le 8 juin 2004, la cérémonie officielle de l'entrée du cœur dans la crypte des Bourbons à Saint-Denis clôt l'énigme mais ne fait pas pour autant taire les derniers sceptiques.

III

L'ÈRE CONTEMPORAINE

LA MORT DE NAPOLÉON

1821

Le 22 juin 1815, Napoléon abdique après sa défaite à Waterloo. Exilé sur l'île de Sainte-Hélène, perdue au cœur de l'océan Atlantique, il y vit entouré de sa dernière cour et y rédige ses mémoires. Déjà à partir de 1816, son état de santé se dégrade : il souffre de graves maux d'estomac et de nausées qui sont de plus en plus difficiles à soulager. Son agonie devient plus dure encore après qu'il eut dicté son testament. Il s'éteint le 5 mai 1821 à l'âge de 51 ans.

Dès le lendemain, le docteur François Antommarchi, entouré de sept autres médecins, pratique une autopsie. Il observe un estomac ulcéré dans sa quasi-totalité et miné par un cancer. Les obsèques de l'Empereur déchu ont lieu le 10 mai, dans une petite vallée de l'île renommée « vallée du Tombeau ». Aucune plaque ne mentionne son identité. Dix-neuf ans plus tard, le roi des Français, Louis-Philippe, soucieux de respecter les dernières volontés de Napoléon, obtient des Anglais le transfert du corps vers Paris. Les parlementaires et le peuple saluent ce geste et approuvent le choix des Invalides comme dernière demeure. En 1861, la dépouille est enfin placée dans l'imposant tombeau de porphyre et de granit qui lui est destiné.

Un siècle plus tard, un débat s'ouvre, celui des causes de la mort de Napoléon. Alors que la thèse établie de l'ulcère à l'estomac n'avait jamais été sérieusement remise en cause, le dentiste suédois Sten Forshufvud voit une intoxication à l'arsenic dans les maux dont a souffert Napoléon tout au long de ses campagnes militaires et de son exil. Son hypothèse se voit soutenue par les résultats de l'analyse d'un cheveu menée par le département de médecine légale de l'université de Glasgow. L'échantillon étudié porte une quantité d'arsenic anormalement élevée. Fort de cette conclusion, Forshufvud publie en 1961 le livre

Napoléon a-t-il été empoisonné ? Tous les scénarios possibles sont alors avancés. L'auteur défend celui d'un empoisonnement lent à l'arsenic, conclu par une hémorragie due à l'ulcération presque entière de la muqueuse stomacale. Celle-ci aurait été provoquée par un médicament, le calomel, qui, associé à un sirop d'orgeat, produit naturellement un sel de mercure mortel.

Ignoré des historiens français, dont le docteur Paul Ganière, auteur de l'ouvrage *Napoléon à Sainte-Hélène* et couronné du Grand Prix Gobert de l'Académie française, Forshufvud fait reparler de sa thèse en 1965. Par l'intermédiaire du *Sunday Telegraph*, il rend compte d'expériences menées avec le réacteur nucléaire de Harlow. L'hypothèse de l'assassinat trouve ainsi de nouveaux défenseurs, comme le Canadien Ben Weider. Ce dernier s'appuie sur des analyses réalisées en 1995 par les services scientifiques du FBI à Washington qui confirment la forte concentration de poison contenue dans un autre échantillon.

Depuis, des recherches ont été menées, notamment à Strasbourg en 2001, sur de nouvelles mèches. Elles apportent les mêmes conclusions et continuent donc d'alimenter l'affrontement des deux camps. Certains défendent la thèse d'un empoisonnement : Napoléon était détesté de beaucoup, à commencer par les Anglais, et entouré dans son exil d'un traître, le général Montholon. D'ailleurs, l'embonpoint, l'absence de pilosité et la parfaite conservation du corps constatés lors de l'autopsie sont des symptômes de l'intoxication arsenicale. D'autres s'en tiennent à la conclusion de l'époque, c'est-à-dire à l'idée d'une mort naturelle : Napoléon a probablement abusé de l'usage de l'arsenic, prescrit comme stimulant, et sa mort n'est que le résultat d'une vie épuisante, d'un mal d'estomac qui s'est aggravé et de soins médicaux encore tâtonnants. Pour d'autres encore, la présence d'arsenic dans toutes les mèches analysées trouverait tout simplement son origine dans la solution qui servait à les conserver.

LOURDES
1858

Le 11 février 1858, Bernadette Soubirous, âgée de 14 ans, part vers les bords du Gave, à un kilomètre à l'ouest de Lourdes, au pied des Pyrénées. Accompagnée de sa sœur Toinette et de sa jeune voisine Jeanne Abadie, elle est chargée de ramasser du bois pour ses parents, des gens de condition misérable. Dans son cheminement, des bruits de « coup de vent » lui font relever la tête et assister à l'apparition d'une « Dame » dans la grotte de Massabielle. Les deux autres filles sont surprises car elles n'ont absolument rien vu. Trois jours plus tard, les trois enfants retournent sur les lieux : à nouveau, Bernadette assiste à la mystérieuse apparition d'une dame blanche.

Le 18 février, lors de sa troisième apparition, la belle « Dame » demande à Bernadette de venir la retrouver quotidiennement pendant quinze jours. L'idée qu'il s'agit de la Sainte Vierge se répand, sans que la première intéressée puisse l'attester. Lors de son interpellation par le garde-champêtre, elle n'en fait que sa description : elle porte une robe blanche, serrée par une ceinture bleue, un voile blanc sur la tête et une rose jaune sur chaque pied. Mais la fascination d'une grande partie de la population locale est telle que Bernadette se retrouve entourée de centaines, puis de milliers de personnes des environs lors des apparitions qui suivent.

Le 23 février, la « Dame » confie trois secrets ; le 25, elle invite à boire l'eau de la grotte et à se laver avec ; le 2 mars, elle appelle à la construction d'une chapelle à l'endroit où elle apparaît. Enfin, le 25 mars, elle révèle son identité : l'Immaculée Conception, dont le dogme a été proclamé par le pape Pie IX quatre ans plus tôt. La réputation de Lourdes n'est déjà plus à faire. Des pèlerins se pressent dans le bourg pour rencontrer la jeune fille, mais aussi pour obtenir un miracle, à l'image de celui de Catherine Latrapie dont les doigts paralysés se sont réanimés après qu'ils eurent été plongés dans l'eau de la source. Le 16 juillet, c'est l'ultime apparition à Bernadette.

Dès l'annonce des premiers miracles, une analyse de l'eau de Lourdes est réalisée. Elle conclut au caractère totalement ordinaire du liquide. Parallèlement, une commission d'enquête, commanditée par monseigneur Laurence, l'évêque de Tarbes, atteste la véracité du témoignage de Bernadette Soubirous, alors que d'autres parlent de visions hallucinatoires. Fuyant l'immense curiosité qu'elle suscite, la jeune fille devient sœur Marie-Bernard. Retirée dans un couvent de Nevers, elle y meurt en 1879, à l'âge de 35 ans. Elle est béatifiée le 14 juin 1925 et canonisée le 8 décembre 1933 par le pape Pie XI.

D'abord fermée, la grotte redevient accessible sur décision de Napoléon III. L'avènement du chemin de fer, qui fait son apparition à Lourdes en 1866, vient accroître considérablement l'afflux de visiteurs dont Zola accusera les effets sur le culte de la Sainte Vierge : sa théâtralisation et sa commercialisation. Aujourd'hui, Lourdes reste l'un des hauts lieux de pèlerinage en France – plus de cinq millions de visiteurs par an – et totalise une soixantaine de miracles reconnus par les autorités religieuses. Ces guérisons, inexpliquées comme les visions de Bernadette, continuent d'être des sujets d'affrontement entre rationalistes et croyants.

LA FORTUNE DE L'ABBÉ SAUNIÈRE

1886

La renommée du village de Rennes-le-Château, situé dans le département de l'Aude, à une quarantaine de kilomètres au sud de Carcassonne, doit beaucoup au personnage atypique qu'était Bérenger Saunière et à sa mystérieuse richesse personnelle. Bon nombre de spécialistes et d'amateurs cherchent toujours à donner une réponse à cette énigme.

Né le 11 avril 1852 à Montazels, Saunière est ordonné prêtre en juin 1879. Il est nommé curé de Rennes-le-Château, un bourg de trois cents âmes, le 1er juin 1885 par monseigneur Billard, l'évêque de Carcassonne. Ses propos antirépublicains le font très tôt remarquer de ses supérieurs qui le suspendent un temps. Revenu dans le village audois en juillet 1886, il retrouve son église en piteux état et il décide de la rénover. Durant dix ans, il réhabilite le bâtiment avec une telle démonstration de luxe qu'il s'attire les soupçons de ses modestes ouailles. Le toit entièrement réparé abrite une décoration, des meubles et des objets entièrement neufs : des vitraux, un chemin de croix, des statues, un autel, une chaire et un confessionnal ont été commandés et réalisés pour l'abbé. L'ensemble, qui aurait coûté plus de 16 000 francs, est particulièrement coloré et ne manque pas de singularité. Pour seul exemple, les paroissiens sont accueillis par la représentation sculptée d'Asmodée, un diable grimaçant aux yeux exorbités, qui supporte le bénitier.

L'abbé Saunière ne s'arrête pas à ces dépenses d'ordre religieux. À partir de 1898, il achète les terrains entre l'église et la limite du village qu'il met au nom de sa servante, Marie Dénarnaud, afin d'y faire construire une villa de style Renaissance, la villa Béthanie, et une tour crénelée servant de bibliothèque, la tour Magdala. À l'intérieur de ces deux nouvelles constructions, on retrouve le même luxe que dans l'église rénovée : des meubles sculptés, de la belle vaisselle, des objets de décoration et une collection de livres et de timbres. Ces lieux sont l'occasion pour Saunière de faire preuve de son hospitalité à l'égard d'illustres visiteurs qui ont certainement profité de repas frugaux arrosés des meilleurs vins de France.

L'arrivée de monseigneur de Beauséjour à l'évêché de Carcassonne brise la vie confortable de l'abbé qui est tenu de s'expliquer. En guise d'unique justification, Saunière déclare que la villa Béthanie, construite grâce à des dons dont il doit taire l'origine, n'a été envisagée qu'à des fins philanthropiques puisqu'elle doit abriter des personnes âgées sans ressources. L'argument ne convainc pas et l'abbé Saunière est déplacé. En janvier 1909, il est nommé curé de Coustouge, un village proche qu'il ne rejoint pas. Il démissionne le mois suivant, avant d'être interdit de messe et remplacé par un nouveau curé. Il continue pourtant ses offices dans un lieu très personnel, la chapelle privée de la villa Béthanie. Il meurt le 22 janvier 1917 à l'âge de 65 ans. Sa dépouille est d'abord enterrée au cimetière de Rennes-le-Château, puis rejoint en septembre 2004 son domaine personnel devenu la propriété de la commune.

Depuis la fin du XIXe siècle, une seule question est sur toutes les lèvres des habitants du village et des passionnés de l'étrange destinée de Saunière : quelle est l'origine de la fortune de l'abbé ? Une seule personne, en l'occurrence Marie Dénarnaud, détenait vraisemblablement une partie de la réponse ou celle-ci tout entière. Désignée héritière du domaine par l'abbé, la servante finit ses jours à Rennes-le-Château de façon modeste et dans le plus grand silence. Quand elle meurt le 29 janvier 1953 des suites d'une attaque cérébrale, personne ne sait s'il reste encore quelque chose du trésor de l'abbé. Même Noël Corbu, qui a gagné toute la confiance de la vieille dame au point d'avoir été désigné comme son héritier, n'a pu recueillir aucune confidence.

Les années 1960 voient donc le début de l'arrivée massive de touristes curieux et de chercheurs en herbe, sensibilisés à la bonne fortune de l'abbé par des lectures défendant des thèses plus ou moins crédibles. Face au phénomène de foire, le maire de Rennes-le-Château est même contraint de prendre un arrêté municipal interdisant les fouilles sur le territoire du village. Certes, on sait que Saunière et sa servante ont creusé dans le cimetière en pleine nuit durant l'année 1895. Des témoins l'ont

certifié et le conseil municipal de l'époque s'en est lui-même
ému. Mais la découverte d'un trésor et de parchemins renfermant un code n'a jamais été prouvée. Doit-on alors plutôt voir
dans les dépenses extravagantes de l'abbé le produit d'un trafic
d'intentions de messe ? L'hypothèse est recevable. Une fois sus-
pendu, Saunière vivra plus humblement et Marie Dénarnaud
finira ses jours de la même façon. Mais l'imposante littérature
sur le sujet, dans laquelle se distingue, par son succès commercial, l'ouvrage intitulé *L'Énigme sacrée* qui a inspiré le célèbre
Da Vinci Code de Dan Brown, ne le voit pas de cet œil. Les
explications du mystère seraient bien plus complexes.

Les théories sur l'origine de la fortune de l'abbé Saunière
sont aujourd'hui innombrables et variées. Pour la majorité
d'entre elles, elles n'ont qu'un point commun, celui d'un trésor.
Mais lequel ? celui du Temple de Salomon ? des Wisigoths ? du
roi Dagobert ? de Blanche de Castille ? des cathares ? des Templiers ? des Hautpoul, seigneurs de Rennes ? À défaut de réponse,
certains passionnés continuent de creuser illégalement dans la
nuit, au grand mécontentement de la municipalité de Rennes-
le-Château.

Jack l'Éventreur

1888

Le 31 août 1888 est découvert dans le quartier londonien de Whitechapel le corps assassiné d'une femme. La victime, âgée de 43 ans, s'appelle Mary Ann Nichols. Prostituée, elle n'appartient à aucune maison close. L'autopsie révèle qu'elle a reçu des coups de couteau à la gorge et au ventre mais n'a pas été violée. Quelques jours plus tôt, une autre prostituée, Martha Tabram, a été tuée dans la capitale selon le même mode opératoire. L'enquête de la police démarre à peine qu'un autre corps est découvert le 8 septembre. Il s'agit du cadavre d'Annie Chapman. À nouveau, la victime, âgée de 47 ans, est une prostituée. Mais, cette fois-ci, la sauvagerie du meurtrier a guidé ses gestes. Les intestins ont été soigneusement placés sur l'épaule gauche alors que l'utérus, le vagin et la vessie ont été subtilisés. Pour cette nouvelle autopsie, le médecin légiste affirme que le meurtrier doit avoir des notions en anatomie.

L'inspecteur Frederick George Abberline, en charge de l'enquête, porte ses premiers soupçons en direction d'un bottier juif, John Pizer, mais celui-ci bénéficie d'un alibi. Dès lors, qui peut bien être poussé à fréquenter les bas-fonds de l'East End pour tuer dans la plus grande violence des prostituées, souvent malades et sans le sou ? S'agit-il du même homme ? L'inspecteur n'est pas le seul à se poser ces questions. Les journalistes sont également sur le coup et cherchent à démasquer l'agresseur que l'on surnomme d'abord « Jack l'Étrangleur ». Au passage, ils profitent de leurs tribunes pour tourner en ridicule la police londonienne dont l'enquête avance avec peine.

Le 30 septembre, ce sont deux corps assassinés qui sont retrouvés. Le premier, celui d'Elizabeth Stride, une prostituée de 45 ans, ne porte la trace d'aucune mutilation. Peut-être le meurtrier a-t-il été dérangé dans sa tâche et a-t-il dû s'interrompre pour se rabattre sur une autre fille des rues ? Le deuxième cadavre, découvert près de Mitre Square, s'avère être celui d'une autre prostituée, Catherine Eddowes. La mise en scène est effarante : le ventre a été ouvert de la poitrine aux parties génitales, les intestins ont été disposés sur l'épaule droite, une oreille et le bout du nez ont été tranchés, les lèvres ont été coupées en deux et les gencives ont été incisées. De plus, l'utérus et le rein gauche ont été volés. Les policiers sont convaincus d'une chose : ils sont face aux gestes du meurtrier, expert en anatomie, d'Annie Chapman. La confirmation leur est rapidement apportée par des courriers signés d'un certain « Jack the Ripper » (Jack l'Éventreur). Il est impossible pour les enquêteurs de déterminer la véritable identité de l'expéditeur. La pression sur Scotland Yard est telle que son directeur, Charles Warren, démissionne.

Le 9 novembre, Mary Jane Kelly, la dernière victime attribuée à Jack l'Éventreur, est retrouvée assassinée sur son lit. Elle aussi est prostituée et a subi des mutilations *post mortem*. Sa gorge a été tranchée, son nez et ses oreilles ont été coupés, son visage a été lacéré et son ventre a été ouvert. On retrouve son utérus, ses reins et un de ses seins placés sous sa tête. Son autre sein et son foie ont été disposés près de ses pieds. Enfin, des morceaux de ses cuisses et de son ventre gisent sur la table de nuit alors que son cœur, ses parties génitales et son utérus ont été subtilisés. Jamais tableau aussi horrible n'avait été découvert.

Faute d'indices et de preuves, le dossier se referme en 1892. De vagues soupçons se sont portés en direction d'un coiffeur juif, Aaron Kominski, d'un avocat, Montague John Druitt, et d'un repris de justice, Michel Ostrog. L'enquêteur Abberline, lui, défend la thèse du trafic d'organes. Les écrivains, à l'image d'Arthur Conan Doyle qui suspecte une femme, se passionnent pour cette série de crimes non résolus qui devient une source d'inspiration inépuisable. Paraissent tout au long du XXe siècle des livres d'investigation qui avancent de nouveaux noms, plus ou moins crédibles, tels que celui du prince Albert Victor de Galles. Les récentes publications sur le sujet ont pu profiter de sources inédites et de nouvelles méthodes d'investigation.

L'une des dernières thèses avancées à grand renfort médiatique est celle de l'auteur de best-sellers policiers Patricia

Cornwell. Selon celle-ci, Jack l'Éventreur ne serait autre que le célèbre peintre impressionniste britannique Walter Sickert. Frustré sexuel du fait de la malformation de son pénis, Sickert aurait sévi dans les quartiers malfamés de Londres et aurait fait allusion à ses actes pervers et meurtriers dans quelques-unes de ses œuvres. En 2002, forte de l'introduction de la génétique dans son enquête, Cornwell prétend pouvoir faire imprimer sur la couverture de l'ouvrage qu'elle a consacré à l'Éventreur de Londres la mention *Affaire classée*, un sous-titre contesté par de nombreux autres spécialistes.

L'ANENCÉPHALE DE VICHY

1897

Le 6 janvier 1897, une jeune Vichyssoise de 16 ans donne naissance à un enfant anencéphale. Le nouveau-né souffre en effet d'une absence totale de cerveau et de cervelet. Son crâne est plat au niveau des yeux. Cette malformation n'est pourtant pas le seul élément qui attire la curiosité et le questionnement du docteur Aimé Therre, le médecin-chef de la maternité. L'enfant est également hermaphrodite et réunit des traits ressemblants à ceux du singe : de singulières oreilles, de longs membres, des yeux ronds très globuleux et un thorax proche de celui du chimpanzé. Comme tout anencéphale, il meurt quelques minutes après l'accouchement.

Le docteur émet l'hypothèse selon laquelle les anomalies physiques observées n'auraient pas été provoquées par l'absence de cerveau mais par une fécondation inédite : celle qui relèverait de l'accouplement entre la jeune femme et un singe, le seul compagnon qui partage sa roulotte. Il trouve d'ailleurs dans la mort du singe, survenue le lendemain de l'accouchement, un argument justifiant la relation intime qu'auraient entretenue la jeune femme et l'animal, ce dernier n'ayant pas supporté le déchirement du départ pour la maternité. Une autre hypothèse est émise, celle de l'inceste. Le docteur a en effet observé que la petite famille vivait recluse et que le seul homme que la jeune femme fréquentait était son père. L'idée est néanmoins rapidement balayée car l'examen de l'appareil génital de la patiente conclut à un état de virginité.

La première hypothèse qui traverse l'esprit du médecin peut surprendre. Les recherches scientifiques de cette fin de XIXe siècle ont déjà mis en évidence l'impossibilité d'une hybridation entre deux espèces différentes. Le docteur Therre serait-il donc face à un cas d'hybridation naturelle unique ? Il n'exclut pas cette possibilité mais la relativise. Pour obtenir un avis extérieur, il se tourne vers le professeur Louis Bounoure, de la faculté des sciences de Strasbourg. Ce dernier réfute toute idée d'hybridation mais émet une autre explication. L'anencéphale pourrait être le résultat d'une parthénogenèse, c'est-à-dire d'une reproduction réalisée à partir d'un ovule non fécondé mais stimulé par un des spermatozoïdes du singe. Cette dernière hypothèse semble tout aussi erronée que la première car la parthénogenèse ne permet aucun apport paternel. Or, l'anencéphale est hermaphrodite. Dans ce cas, les deux médecins seraient simplement face aux effets d'une malformation de l'hypophyse, essentiellement due à l'absence de cerveau.

Dans les quelques jours qui suivent la naissance, la jeune femme et son père quittent la ville, emportant avec eux le secret qui entoure la procréation de l'enfant mort-né. L'existence de ce cas est tue jusqu'en 1943. Au terme de sa carrière, le docteur Therre la révèle en publiant un court ouvrage intitulé *L'Anencéphale à type simiesque de la maternité de l'hôpital de Vichy*. Aujourd'hui, tout laisse à penser qu'une fécondation a bien eu lieu. Des cas d'enfants anencéphales d'une apparence proche de celui observé en 1897 ont été rencontrés et étudiés durant le XXe siècle. Les restes d'une momie masculine égyptienne aux caractères identiques ont même été redécouverts et réexaminés en 1974. L'individu, dont la dépouille avait été retrouvée dans la nécropole souterraine de Touna el-Gebel, avait été embaumé en position assise. Considéré comme un animal sacré, il avait été enterré dans le secteur des singes consacrés au dieu lunaire Thot.

ANASTASIA
1920

Le 17 février 1920, une inconnue tente de se suicider en sautant d'un pont de Berlin. Sauvée *in extremis*, la jeune femme refuse de livrer son identité mais ses quelques paroles laissent distinguer aux enquêteurs un fort accent slave. Placée dans un asile, elle y est traitée comme une amnésique. C'est une autre patiente de l'hôpital qui va faire naître l'une des plus grandes légendes historiques. Elle prétend reconnaître en l'inconnue de Berlin l'une des filles du tsar déchu Nicolas II. Interrogée, l'intéressée confirme qu'elle est Anastasia. Celle-ci aurait donc réchappé au massacre de toute sa famille organisé par les bolcheviks.

Il est vrai que, depuis les événements de la révolution russe de 1917, les rumeurs vont bon train sur le destin des membres de la famille Romanov. On sait que le tsar, la tsarine Alexandra Fedorovna, les grandes-duchesses Maria, Olga, Tatiana, Anastasia, le tsarévitch Alexis, le docteur Botkine et trois domestiques ont d'abord été enfermés dans la villa Ipatiev, à Iekaterinbourg. Mais ensuite ? S'opposant à toute idée de procès, Lénine a ordonné une exécution globale qui a eu lieu dans la nuit du 16 au 17 juillet 1918. Dès lors, une question essentielle se pose : toute la famille a-t-elle bien été fusillée ? L'un des murs de la chambre, déchiré par la sauvagerie de la scène, peut en témoigner. Pourtant, des doutes surgissent. Dès le lendemain de l'exécution, des témoignages de bolcheviks affirment que seul Nicolas II a été tué. La tsarine et les enfants auraient été sauvés et exilés à Perm. D'autres émettent la version que le tsar a été tué avec son fils. Enfin, des rumeurs diffusent l'hypothèse selon laquelle certains membres auraient survécu à leurs blessures et se seraient discrètement sauvés. Quelle que soit la version retenue, aucun corps n'a été retrouvé.

Il serait donc tout à fait possible que l'inconnue de Berlin soit Anastasia. D'ailleurs, lors de son examen médical, certains détails frappent les docteurs, comme une déformation au pied identique à celle de la grande-duchesse et quelques blessures probablement héritées du massacre de la villa Ipatiev. Les déclarations des enfants du docteur Botkine, le médecin du tsar, sont formelles : ils sont face à Anastasia qu'ils ont bien connue dans le passé. De plus, l'équipe médicale constate que sa patiente est pleine de distinction et sait bien des choses sur l'ancienne famille impériale. L'inconnue livre alors son identité. Elle s'appelle Mme Tchaïkowski, du nom du soldat qui l'a sauvée du massacre et qu'elle a épousé. Pourtant, la visite du clan Romanov auprès de la jeune femme vient jeter le trouble. Deux tantes ne la reconnaissent pas et ne voient en elle qu'une usurpatrice.

C'est alors une bataille qui s'engage entre la jeune femme et des membres de l'ancienne famille impériale. Ces derniers commanditent une enquête très approfondie qui livre la véritable identité de l'inconnue : Franziska Schanzkowska, une ouvrière polonaise qui a déjà fait deux séjours en hôpital psychiatrique. Parallèlement, l'Institut de criminologie de Lausanne compare les portraits d'Anastasia et de l'inconnue. D'après ses conclusions, les deux femmes sont deux personnes différentes. L'inconnue part s'installer aux États-Unis en 1929 et se fait appeler Anna Anderson. Elle meurt en 1984. Deux ans plus tôt, Alexis d'Anjou, prince de Durazzo, publie un livre dans lequel il prétend être l'arrière-petit-fils de Nicolas II par sa grand-mère, la grande-duchesse Maria, autre survivante du massacre.

En 1991, le président russe Boris Eltsine fait rechercher les corps de la famille royale aux alentours de Iekaterinbourg. Grâce à la lecture du rapport secret du bourreau Iourovski, les restes de cinq cadavres sont localisés dans un puits de mine inondé. Leur analyse révèle que les corps ont d'abord été couverts d'essence, puis brûlés avant d'être aspergés d'acide sulfurique au niveau du visage. En 1993, des études génétiques et anthropologiques concluent qu'il s'agit bien des Romanov : le tsar, la tsarine et trois princesses parmi lesquelles Anastasia. L'inconnue de Berlin a donc menti toute sa vie. D'ailleurs, les analyses génétiques qui comparent un polype d'Anna Anderson au sang de la lignée victorienne viennent confirmer cette observation : aucune relation n'a pu être établie entre les deux échantillons.

Le 16 juillet 1998 sont organisées les obsèques nationales des restes des cinq corps de l'ancienne famille impériale. Le clan Romanov y assiste. Seul le patriarche Alexis II est absent car l'Église orthodoxe ne reconnaît pas les dépouilles. Deux ans plus tard, la famille exterminée est canonisée. En juillet 2007, de nouvelles fouilles mettent au jour deux corps qui sont identifiés comme ceux du tsarévitch et de la princesse Maria selon les résultats de nouvelles analyses ADN. Elles permettent de dévoiler une autre mystification de l'histoire, celle de Michael Goleniewski. Cet officier des services de renseignements polonais, passé en RFA en 1961, a en effet toujours prétendu être le petit Alexis Romanov.

LE MONSTRE DU LOCH NESS

1933

Le monstre du loch Ness, surnommé Nessie, est bien l'attraction la plus connue du monde écossais. Il tient son existence des paroles de témoins isolés l'ayant vu ou approché, et de photographies dont certaines ont été authentifiées. Pourtant, peut-on affirmer qu'une bête, dont l'espèce nous est inconnue mais dont la renommée est aujourd'hui mondiale à la grande satisfaction de l'Agence nationale du tourisme en Écosse, dorme dans les eaux profondes du lac ?

Situé au nord du pays, le loch Ness est un lac qui s'enfonce dans les Highlands depuis la périphérie d'Inverness. Long de plus d'une trentaine de kilomètres, sa profondeur peut atteindre les 250 mètres. L'épais brouillard qui couvre régulièrement sa surface, l'opacité de son eau et les ruines du château d'Urquhart qui le bordent sont des éléments à l'origine d'une partie de son mystère. La légende d'un monstre qui vivrait dans cette région est très ancienne. Déjà en 565, saint Colomba aurait rencontré une étrange bête aquatique dans la rivière Ness. Les archives nous font observer que, tout au long du XIXe siècle, de nombreux témoins vont propager l'idée qu'un monstre habite le lac. Le premier spectateur à avoir laissé son empreinte dans la légende de Nessie est un certain Jimmy Hossack en 1862.

L'existence de la bête est annoncée par voie officielle dans la presse, par l'intermédiaire d'un article d'Alex Campbell publié dans l'*Inverness Courier* du 2 mai 1933. Les colonnes du journal rendent compte du récit d'un couple de témoins qui a assisté à un étonnant bouillonnement de l'eau du lac avant d'être stupéfié par l'apparition d'un énigmatique animal. Celui-ci avait une petite tête grisâtre, un long cou et un corps d'une longueur de 9 mètres environ. Dès la parution de cette déclaration, c'est toute la région qui est en émoi et qui reçoit un flot continu de curieux bien déterminés à observer, eux aussi, cette manifestation. La récente route qui borde le lac connaît une fréquentation importante et les témoignages auprès des journalistes se multiplient.

Enfin, le 13 novembre de la même année, un premier cliché est pris de la fameuse bête. Authentifiée par les laboratoires Kodak, la photographie de Hugh Gray, en faisant le tour du monde, offre au monstre et au site qui l'entoure une notoriété internationale. Elle déclenche également une polémique. Une large partie de la communauté scientifique s'avoue sceptique et réclame d'autres éléments plus convaincants pour s'intéresser à ce qu'ils considèrent n'être pour l'instant qu'un phénomène de foire. Une nouvelle photographie du monstre, celle du docteur Robert Wilson, est publiée dans le *Daily Mail* du 21 avril 1934. Ses détails impressionnent les lecteurs et entretiennent le débat. On y voit très précisément un cou sortant de l'eau. Mieux encore, un film est tourné quelque temps plus tard par Malcolm Irvine mais la pellicule se perd.

Le conflit de la Seconde Guerre mondiale n'éteint pas la légende. Des témoignages, civils et militaires, continuent d'être enregistrés et un autre cliché, réalisé par Lachlan Stuart le 14 juillet 1951, révèle la présence de plusieurs bosses sur le corps de la bête. C'est à cette époque qu'est mise en place la première observation du lac à l'aide d'un sonar. Commanditée par la BBC en 1958, l'expérience qui révèle l'existence d'une masse de 7 mètres de long est dévoilée dans une émission de télévision qui connaît une importante audience. La chaîne n'abandonne plus le sujet quand, en 1960, elle diffuse les images du film de Tim Dinsdale qui montrent le déplacement d'une bosse sur le lac.

L'affaire est devenue si sérieuse qu'un Bureau d'investigation des phénomènes du loch Ness est créé et organise plusieurs missions d'observation sur le lac. À plusieurs reprises, des masses sombres et inconnues sont mises en évidence sans être identifiées. En l'absence de résultats probants, le Bureau ferme ses portes en 1972. Ses intentions sont reprises dans les nombreuses expéditions menées par le docteur Rines qui ne cesse d'user du sonar et de la caméra pour débusquer la bête. En 1975, le scientifique réussit à prendre deux clichés intéressants qu'il interprète comme le cou et la tête du monstre. Les dernières observations au sonar ne permettent pas de faire d'avancées significatives. La dernière grande expédition qui se tient en octobre 1987, l'opération Deepscan, couvre la majorité des eaux du lac et arrive à la même conclusion floue que les précédentes missions : la présence d'une masse dans les profondeurs du lac.

Même si de nouveaux éléments tentant de prouver l'existence de Nessie nous arrivent encore aujourd'hui sur nos écrans, le rêve de découvrir la bête semble éteint. De récentes informations ont accru la désillusion des plus passionnés. Alors que les clichés de Robert Wilson et de Lachlan Stuart se sont révélés être des faux, une publication scientifique a fait part de l'impossibilité de la présence d'une bête de plus de trois cents kilos dans les profondeurs du loch Ness en raison du manque de ressources alimentaires pour la survie de celle-ci. D'autres études ont clairement écarté la présence hypothétique d'un gros esturgeon de la Baltique, d'un phoque gris ou d'un plésiosaure, un animal préhistorique. Quant aux résultats des expériences au sonar, ils sont à relativiser et à rapprocher de l'observation de simples bancs de poissons. Néanmoins, ces thèses n'éteignent pas la flamme ardente qui anime certains exaltés, passionnés de cryptozoologie. Ils songent encore à découvrir ce qui se cache sous la surface du loch Ness : peut-être une espèce inconnue ou en cours de transformation ?

LE TRIANGLE DES BERMUDES
1945

Le 5 décembre 1945, cinq bombardiers torpilleurs de l'US Navy décollent de la base aéronavale de Fort Lauderdale, en Floride, pour un simple entraînement. Commandé par le lieutenant Taylor, le vol 19 réunit des pilotes expérimentés qui profitent ce jour-là de conditions météorologiques satisfaisantes. Dans sa communication avec la tour de contrôle, Taylor annonce subitement une curieuse perte de repères avant de cesser tout contact radio. Les cinq avions se volatilisent et aucune épave n'est retrouvée lors de la mission de recherche qui suit la disparition. Pire encore, un hydravion et ses treize passagers, envoyés au secours du vol 19, disparaissent également. C'est la consternation au sein des autorités militaires américaines. Qu'est-il arrivé à leurs hommes ? Le rapport d'enquête publié conclut à des causes inconnues.

Ce cas célèbre va être à l'origine de l'énigme du triangle des Bermudes, une expression créée par l'Américain Vincent Gaddis en 1964 pour délimiter un périmètre dans lequel ont lieu des incidents et des disparitions inexpliqués dans des proportions anormales. La région fatale, qui s'étend entre l'archipel des Bermudes, Porto Rico et la Floride, devient le sujet d'un best-seller, *Le Triangle des Bermudes* de Charles Berlitz, dont la première édition est publiée en 1974. Les passionnés de l'énigme découvrent alors avec étonnement le nombre important de cas de disparition progressivement révélés au grand public. Ce sont aussi bien des avions que des bateaux qui sont touchés par un phénomène inconnu.

L'une des disparitions aériennes les plus stupéfiantes est celle d'un bimoteur, le *Piper Chieftain*, le 3 novembre 1978. Alors que l'appareil, dont le phare est visible du contrôleur, s'apprête à atterrir sur l'île Saint-Thomas, dans les îles Vierges américaines, en bordure de la mer des Caraïbes, le radar ne le signale plus. L'avion s'est subitement évanoui. On croit à un crash dû à une avarie du moteur mais aucune épave n'est retrouvée. De la même façon, soixante ans plus tôt, en mars 1918, le *Cyclops*, un cargo charbonnier de l'US Navy, parti de Bahia pour rejoindre Baltimore, disparaît. Il transportait 309 passagers. Malgré une enquête approfondie, aucune explication n'a pu être fournie. La météorologie était bonne et le bateau en parfait état. Là encore, l'épave ne sera jamais retrouvée.

Ces étranges disparitions sont-elles si mystérieuses ? Doit-on forcément recourir à des thèses paranormales pour expliquer ce phénomène unique ? C'est à travers le témoignage des survivants que l'on trouve quelques éléments de réponse. En 1966, le remorqueur *Good News*, parti de Porto Rico pour rejoindre Fort Lauderdale, se retrouve soudainement plongé dans un épais brouillard. Son capitaine, ne pouvant distinguer l'horizon à cause de l'atmosphère laiteuse, est également surpris de constater les pannes momentanées de son gyroscope et de sa radio, le dérèglement de son compas magnétique et l'arrêt des générateurs. Le témoignage de ce rescapé permet de soutenir l'idée que des appareils peuvent traverser des zones de perturbations magnétiques. À cela doit s'ajouter, pour d'autres cas, l'influence d'une météorologie capricieuse, caractérisée notamment par des cyclones et des bourrasques verticales. Comme d'autres régions du monde, le triangle des Bermudes est un domaine dont la nature est parfois seule maîtresse.

L'ASSASSINAT DE JOHN F. KENNEDY

1963

Le 22 novembre 1963, John Fitzgerald Kennedy et sa femme Jackie sont en visite à Dallas en vue de la prochaine élection présidentielle de 1964. Au sommet de sa popularité, le Président attire une grande partie de la population de la ville texane, amassée sur les trottoirs et les pelouses qui bordent le parcours du convoi officiel. À 12 h 30, alors que la limousine dans laquelle se trouve Kennedy traverse Dealey Plaza, plusieurs coups de feu retentissent. Le Président est touché au cou et à la tête. Il s'effondre sur son épouse qui, paniquée, monte sur l'arrière de la limousine. Un témoin, Abraham Zapruder, filme l'intégralité de cette scène avec une caméra huit millimètres. Sa pellicule devient l'une des pièces maîtresses de l'enquête qui va immédiatement suivre. Le convoi présidentiel se dirige à toute allure vers l'hôpital le plus proche, le Parkland Memorial, où Kennedy décède peu après 13 heures. La nouvelle de sa mort choque tout le pays. Et déjà une seule question se pose : qui a tué le Président ?

Immédiatement après l'assassinat, le récit d'un témoin permet de dresser le signalement d'un suspect, présent à une fenêtre du cinquième étage du Texas School Book Depository, un entrepôt de livres scolaires situé à l'arrière du convoi d'où sont partis les coups de feu. Au même moment, un jeune policier, J. D. Tippit, est tué dans la banlieue de Dallas. Le signalement de son meurtrier est en tout point commun avec celui du suspect de l'assassinat de Kennedy. L'homme est retrouvé et arrêté dans un cinéma. Il s'appelle Lee Harvey Oswald. Au commissariat central de Dallas se répand l'information selon laquelle il est employé au Book Depository. Un fusil, dont il est le propriétaire, est d'ailleurs retrouvé au cinquième étage de l'immeuble. Oswald est inculpé des meurtres du policier et du Président. La consultation des fichiers de la CIA et du FBI met en évidence l'appartenance de l'assassin présumé au parti communiste.

Le 24 novembre, alors qu'il quitte le commissariat pour être conduit en prison, Oswald est abattu sous les objectifs des caméras de télévision par Jack Rubenstein, alias Jack Ruby, un patron de boîte de nuit qui prétendra par la suite avoir voulu venger la mort du Président. Il meurt dans l'hôpital où Kennedy a succombé à ses blessures, emportant avec lui des éléments qui auraient pu aider les policiers. Une commission ne tarde pas à être créée par le nouveau président des États-Unis, Lyndon B. Johnson, qui a prêté serment dans l'avion qui rapatriait le corps de son prédécesseur vers Washington. Cette commission, dirigée par le juge James Warren, chef de la Cour suprême, publie ses conclusions en septembre 1964. Selon elle, c'est bien Lee Harvey Oswald seul qui a tiré trois coups de feu depuis le cinquième étage du Book Depository.

Une telle thèse, limpide aux yeux des uns, est forcément suspecte aux yeux des autres. Très vite, les méthodes de la commission sont remises en cause et la malhonnêteté des membres qui la composent est pointée du doigt. Certains témoins affirment que les coups de feu venaient d'une palissade située à l'avant du convoi. Les autres témoins ont peut-être été influencés par les enquêteurs. Par ailleurs, les notes originales de l'autopsie du corps du Président ont été brûlées. Allen Dulles, membre de la commission, avait été limogé de ses fonctions de directeur de la CIA par Kennedy lui-même.

À partir de ce 22 novembre 1963, de nombreuses thèses ont été avancées, dont certaines sont allées jusqu'à suggérer que le film de Zapruder était truqué. Pour l'opinion publique américaine dans sa majorité, Oswald n'a été que le bouc émissaire d'un complot de grande ampleur. Il reste encore à chercher les véritables commanditaires du meurtre si complot il y a eu. Des sudistes qui auraient refusé la lutte contre la ségrégation raciale du président Kennedy ? Des communistes qui ne se seraient pas remis de la crise de Cuba ? Le vice-président Johnson qui se serait entendu avec les milieux texans ? La mafia qui aurait voulu, soit mettre un terme à la traque dont elle commençait à être la victime, soit se venger du comportement de Kennedy qui aurait profité d'elle pour le financement de ses campagnes électorales avant de l'abandonner ? La CIA qui aurait voulu en finir avec la méfiance du Président à l'égard des services de renseignements après le fiasco du débarquement dans la baie des Cochons ?

Afin de mettre un terme aux plus folles rumeurs, une nouvelle commission d'enquête, créée en 1976, rend ses conclusions trois ans plus tard. Selon elle, la thèse du complot peut être avancée. Parallèlement, dans un souci de transparence, 100 000 pages du dossier sur l'assassinat de Kennedy sont publiées par le FBI en 1978. Les dernières recherches récentes, parmi lesquelles figurent celles de l'attorney Vincent Bugliosi, confirmeraient les conclusions défendues par la commission Warren : Oswald serait bien l'assassin du Président. Mais est-ce sous l'influence de ses seules convictions que celui-ci aurait agi ? La question reste entière.

Repères bibliographiques

« Dix Grandes Énigmes passées au crible », *Historia thématique*, n° 114, juillet-août 2008.

Les Grandes Énigmes, Larousse, Collection la mémoire de l'humanité, 1992 ; 2ᵉ édition remaniée : *Grandes énigmes de l'humanité*, Larousse, 2002.

Les Grandes Énigmes de l'histoire de France, Larousse, 2004.

DECAUX, Alain, *Grandes énigmes, grands mystères*, Trévise, 1966.

GERSAL, Frédérick, *Les Grandes Énigmes de l'Histoire*, First, 2006.

LIGNON, Yves, RAYNAUD, Olivier, MORISSON, Jocelyn, *Les Énigmes de l'étrange*, First, 2005.

VALODE, Philippe, *Les Énigmes des grandes civilisations*, First, 2006.

Achevé d'imprimer en Italie par  Grafica Veneta
en mars 2017
Dépôt légal avril 2017
EAN 9782290143650
OTP L21ELLN000805N001

—

Ce texte est composé en Le Monde journal

—

Conception des principes de mise en page :
mecano, Laurent Batard
—

Composition : PCA

Librio

895